JN039019

MÉTAMORPHOSES

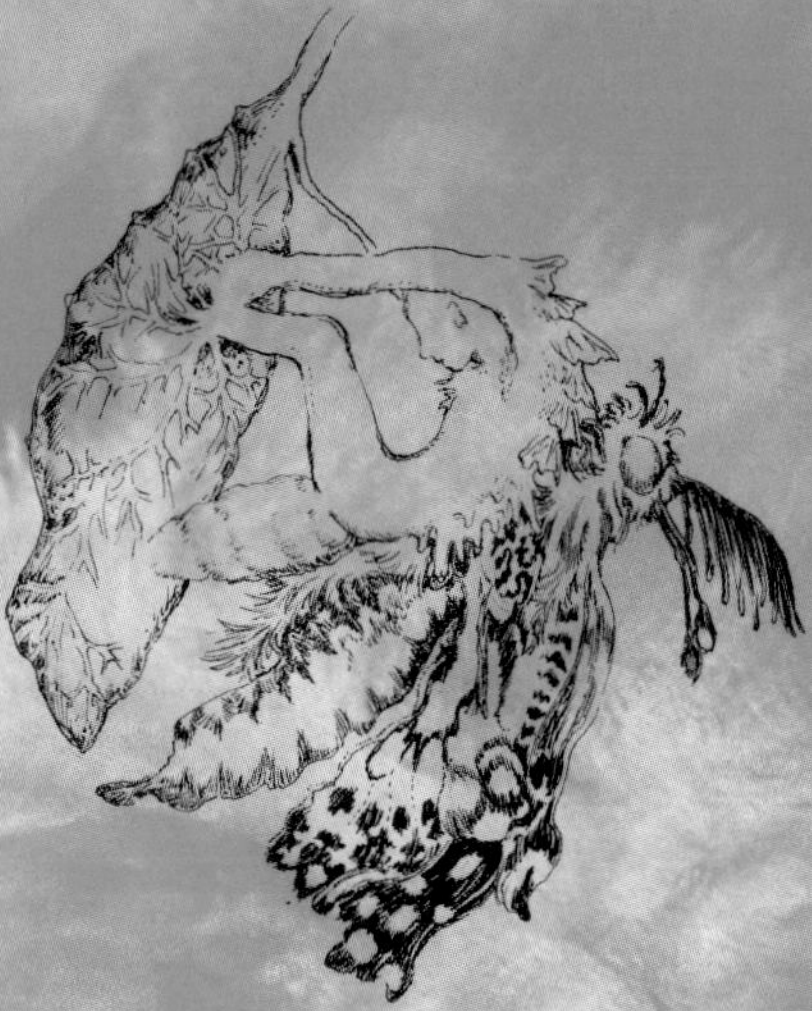

メタモルフォーゼの哲学

エマヌエーレ・コッチャ［著］

松葉類・宇佐美達朗［訳］

keiso shobo

METAMORPHOSES
by Emanuele Coccia
Copyright ©2020 by Editions Payot & Rivages
Japanese translation published by arrangement with
Editions Payot & Rivages S.A.S.
through The English Agency(Japan)Ltd.

目　次

II　繭

III　再受肉

おわりに

凡　例

・（　）は原文の通り。
・〔　〕は訳者による補足。書誌情報などの長い補足は訳注とした。
・引用翻訳はできるかぎり既訳を確認、参考にしたが、本文との関係で適宜変更した。

メタモルフォーゼの女王、
コレットに捧ぐ

とめどない生の流れでしかないのだから、わたしはすべてのもの。ついさっき死んだ魚からゼウスの死まで、すべての死が私に流れ込むのだから、わたしは不死。そしてそれらはわたしの中に集合してふたたび一つの生になる。この生は境界の定まった個々の生ではもはやなく、合一であり、だからこそ自由な生なのよ。

ジュゼッペ・トマージ・ディ・ランペドゥーザ[1]

1　ジュゼッペ・トマージ・ディ・ランペドゥーザ「セイレーン」『ランペドゥーザ全小説　附・スタンダール論』脇功、武谷なおみ訳、作品社、二〇一四年、四二二頁。

はじめに

生の連続性

はじめに、わたしたちはみな同じ一つの生きものであった。わたしたちは同じ身体と同じ経験を共有してきた。それ以来、事はさほど変わっていない。生存する形態や方法は多様化した。しかしなお、わたしたちは同じ一つの生であり続けている。何百万年も前より、身体から身体へ、個から個へ、種から種へ、界から界へとこの生は受け継がれている。たしかに生は移動し、形を変えてきた。しかし、あらゆる生きものの生はそれ自身の誕生とともに始まるのではない——生はさらにずっと古いのである。

自分たちの存在のことを考えてみよう。わたしたち自身の生、つまり自分の中で最も私的で譲りわたすことができないと考えられているものとて、わたしたち自身から来たものではない。その生には排他的なところも個人的なところもないのだ。わたしたちの生は他者によってわたしたちへと受け継がれたのであり、それはかつて他者の身体、つまり物質的にわたしたちが収容されている一区画とは別の区画を生気づけていたものだ。わたしたちを生気づけ目覚めさせる生を、十月十日もの間、みずから所有も占有もできないことは、物理的かつ物質的に自明の事柄《エヴィデンス》である。わたしたちは身体、体液、原子を母親と同じくしていた。わたしたちは、他者と身体を分かち合い、他所から延長され他所へと導かれる生なのだ。

わたしたちの息吹の中に延長してくるのは別の誰かの息吹であり、血管を流れるのは別の誰かの血であり、身体に刻まれ彫り込まれるのは別の誰かに与えられたDNAである。わたしたちの生が自分の誕生のはるか前に始まるのだとすれば、それは自分の死のはるかあとに終わる。わたしたちの息吹が亡骸の中で絶えてしまうことはない。その息吹は、祝福すべき最後の晩餐をそこに見出した者たちの糧となるだろう。

わたしたち人類も最初から独立した産物ではない。人類もまた先立つ生の延長でありメタモルフォーゼである。より正確に言えば、霊長類――わたしたちとは別の形態の生――が自分たちに住みつき自分たちを生気づけてきた生を別様に存在させるために、その固有の身体――息吹、DNA、生き方――から生み出すことのできた発明なのである。霊長類こそがこの形態をわたしたちに伝えたのである――それゆえ人間という生の形態を通して、彼らはわたしたちの中に生き続けている。そもそも、霊長類自身が他の種によって、つまり生の他の形態によって開始された実験、賭けにほかならない。進化とは、空間ではなく時間の中で繰り広げられる仮面舞踏会だ。これによって、あらゆる種は時代を超えながら、自分たちを生み出した種にとっては目新しい仮面を着けることができ、息子たち娘たちは親に特定されることなく、また親を特定せずにいることができる。もっとも、仮面が変わってゆくとはいえ、母となる種と娘となる種は同じ一つの生のメタモルフォーゼである。それぞれの種は他の種から引き出された欠片のパッチワークなのだ。わたしたち現生種は、部品、血統、臓器、そして各々の存在をじつに絶え間なく交換しあっているのであって、「種」と呼ばれるものは各々の生物が他の生物から採用した技術の総体にすぎないのである。あらゆる種が他の多くの種と無数の特徴を共有しているのは、この変様における連続性による。目、耳、肺、鼻、温かい血を持っているということを、わたしたちは何百万もの個体、何千もの種と共有している――そしてそうした形態全体においては、わたしたちは部分的にしか人間ではない。どの種もそれに先んずるあらゆる種のメタモルフォーゼである。別様に生きるために、同じ一つの生は新たな身体と新たな形態をみずから作り上げるのである。

これこそ、生物学と一般言説が理解しようとしない、ダーウィン進化論のもっとも根本的な意味である。すなわち、種は実体や現実的存在ではない。種とは（言説が「言語ゲーム」であると言われるのと同じ意味で）「生のゲーム」であり、好んで形態から形態へと移り変わり、行き来する生がとる、不安定で避けがたく刹那的な形態配置である。わたしたちはまだダーウィンの直観からすべての帰結を引き出していない。種が系統関係によって結びつけられているという主張が意味しているのは、生物が一つの大きな家族ないし氏族を構成していることだけではない。それはとりわけ、それぞれの種の同一性がまったく相対的であると論証している。猿が親であり人間が息子であるならば、わたしたちは猿によって、猿に対してしか人間ではない。それは、わたしたちがそれぞれ娘や息子であるのは、絶対的な意味においてではなく、母と父との関係においてでしかないのと同じである。あらゆる種の同一性は、他の種との連続性（とメタモルフォーゼ）という定式を規定しているのにほかならない。

生物全体にも同じ考察があてはまる。生物と無生物の間にはいかなる対立もない。あらゆる生物は無生物との連続性において存在するのみならず、無生物が延長されたものであり、無生物のメタモルフォーゼ、その最も極端な表現なのである。

生はつねに無生物の再受肉であり、無機物の組み合わせ《ブリコラージュ》であり、一つの惑星――ガイア、地球――の大地的実体の謝肉祭である。この惑星は、ちぐはぐで不統一なみずからの体の最小の粒子においてさえ、その相貌と存在様態を増殖させて止まない。どの自己も地球のための乗り物であり、惑星が自分で移動せずに旅をするための船なのだ。

わたしたちのうちにあるさまざまな形態

SNSが普及する前の時代のことである。セルフポートレイトはめずらしいものだった。そうした写真はまたとない瞬間を忘却から救い出し、みずからが受肉する生の色彩や光を吸収したのだった。写真は綴じられた大きなノートの白紙のページに仕舞い込まれる。このノートのページがめくられることはめったになく、ましてや誰かに見せるということはごく稀だった——まるで、秘儀を授かった者にだけそのベールの下を見ることが許されている聖典であるかのように。ふつう、そうした本に書かれた文字《エクリチュール》は含まれておらず、口頭で詳しく説明するのが前提となっている。それらのページに没頭するというのは、忘れていたほうがよい自明の事柄をそのつど再発見することを意味していたのである。

これらのページのうえで、生はさまざまなシルエット——それらは大きく広がる暗い光量によって分離されており、自立している——の長いパレードとして現れたものだ。形態は違えど、わたしたち自身の過去というこの奇妙な抜け殻の行列のうちに自分の姿を認めるのはとても容易い。それでも、「現在の自分である」わたしたちに代わって自分だと主張しようとする人物が次々と待ち構えていることには身震いしてしまう。このアルバムは時間の隔たりを消去し、たいへん大きな一族のための多翼祭壇画に納められたもののようにこれらのイメージを展示しているようだった。つまりこのアルバムは奇妙な分離によってそれらイメージを、パラレルな生を送っているように見えるほとんど同一の双子に変えてしまうのである。するとわたしたちの実存は、生から生へ、形態から形態へ移行しようとする途方もない努力として現れてくる。すなわち、これらの身体、これらの状況のうちでおこなわれる――ただしそれらは互いに非常に隔たっているのだが――再受肉の旅として。それは〔カフカの小説『変身』の主人公〕グレゴール・ザムザの人間の身体が身の毛のよだつ昆虫に生まれ変わるようなものなのだ。別の場合には、反対に、魔術が逆の方向に作用していた。アルバムをめくるということは、最もちぐはぐな形態のあいだの完全な等価性に恍惚を覚えることを意味していたのである。つまり、やっと草地を歩けても一メートルほどしか進めない頃、あるいは髪を切るのに失敗した少年少女やにきび面の頃の自分と、現在の自分は同一ではないが、完全に等価であることを示していた。相違は著しいが、しかしそれでもこれらの形態の各々は同じ力能にしたがって同じ生を表現している。イメージを収めたこれらの本は、生とメタモルフォーゼとの合致を最も精確に表象するものであったのだ。

大人になった生きものの形態はいつもわたしたちを恍惚とさせる。わたしたちはこの段階に、それ以外の段階には認めることのない完成と成熟を認めている。それに先行するあらゆるものは、わたしたちが達するべきこのシルエットのための準備でしかないだろうし、そしてそれに続くあらゆるものは衰退や解体でしかない。しかしながら、これ以上に間違ったことはない。わたしたちの大人の生が、卵の受精に続く分割胚の生や、死の淵にある老人の生よりも完全であり、わたしたち自身のものであり、人間的であり、完成されているなどということはない。とはいえ、あらゆる生はみずからを拡大させてゆくために、相互に還元不可能な多種多様な形態をつらぬいてゆく必要がある。つまり、生が積極的に引き受け、そしてある季節から別の季節へと服装を変えていくのと同じ容易さでそれを脱いでいくような一群の身体を。生きものはその各々が多数《レギオン》なのだ。どの生きものも、自分の容姿を彫琢し続けるボディ・アーティストのように、さまざまな身体とさまざまな「自分」を縫い合わせている。あらゆる生はさまざまに変化する時間のうえで引き延ばされた解剖学的な行列である。

こうした多様な形態のあいだの関係を、進化や進歩、あるいはそれとは反対のものという観点からではなく、メタモルフォーゼという観点から考えることは、たんに目的論からまったく解放されるというばかりではない。これはまた、そしてとりわけ、それら形態のそれぞれが同じ重みを持っていることを、つまり同じ重要さ、同じ価値を持っていることを意味する。メタモルフォーゼとは、すべての自然のあいだの等価性の原理であり、この等価性を生みだすことを可能にするプロセスであるのだ。あらゆる形態、あらゆる自然は、他の形態や自然に由来し、それと等価である。その一つ一つが同じ平面上に存在している。それらは、それぞれ異なる様態においてであるが、他の形態や自然が共有しているものを持っている。変異は水平的なのだ。

シルエットたちのこうした礼拝を注視し続けることは容易ではない。どのシルエットも、みずからに受け渡された生をしっかり握りしめると同時に、これを変化させているように見える。互いに隣り合ったり相次いでやって来たりする肖像《フィギュール》たちの謝肉祭はこのように止むことがないが、そこにおいて形態は互いが互いのうちでぼやけ、相互に注ぎ込まれ、次々と生み出されてゆく。それら形態の一つ一つは他所から来たように見えるよそ者であり、そしてこのよそ者は、ひとたびわたしたちと慣れ親しんだなら、それ以外の者たちをよそ者へ変えてしまうのである。わたしたちが——個体の観点からであれ、種の観点からであれ、あるいは界全体の観点からであれ——生と呼んでいるものは、次々とやって来る形態を馴致する過程でしかない。わたしたちは日々よそ者を馴致しているのであり、それはわたしたちがよそ者の身体のうちで決定的に失われるまで続くのである。

わたしたちは次のような二重の自明の事柄《エヴィデンス》をメタモルフォーゼと呼ぶ。すなわち、あらゆる生きものはそれ自体が複数の形態である——それら形態は同時的に現前し継起する——が、これらの形態のそれぞれはまた、その前後に無限にある別の形態との直接的な連続性によって決定されるのであるから、実際には自立した仕方で別箇に存在してはいない。メタモルフォーゼとは、あらゆる生きものが複数の形態へと同時的・継起的に広がってゆくことを可能にする力であるとともに、形態が相互に結びつき、ある形態から別の形態へと移行してゆくことを可能にする息吹でもある。

I　誕生＝出産

あらゆる自分は忘却である

みなと同じく、わたしは忘れてしまった。その瞬間の味と香り、わたしの周りにいた人たち、部屋に置かれていた物を。わたしはその日のその時間を、自分が考えていたことや感じていたことを、生まれてすぐに見た光のまぶしさを忘れてしまった。おそらくわたしは忘れるよりほかなかったのではないか。最初、すべてはわたしに現れていた——それはあまりに多様で、新しく、強く、記憶にとどめておくことができなかった。わたしは忘れなければならなかったのだ、そのすべてを。残りのもの——未来のもの、すぐに過去になるであろうもの、世界全体——のためのスペースを空けるためには頭をからっぽにしなければならない。あらゆる経験を可能にするためにからっぽにするのだ。自分自身を知覚しうるために、わたしはすべてを忘れなければならなかった。

誕生とは認識の絶対的限界である。つまり「わたし」と言うことが、他者との混同を意味するような閾《いき》である。そのように音節を区切って発音することを可能にする息が本当にわたしたちのものか、あるいはわたしたちの母の身体の延長であるのかを判別することはできない。そうした音節が名付けているのはわたしたちの身体なのか、それともわたしたちがそこから出てきた身体なのかを判別することはできない。誕生とは、すべての記憶を否定する覚悟をもってのみ「わたし」と言えるようにする力でしかない。どこから来たのかを忘却し、あれほど長くわたしたちを住まわせてくれた他者の身体を忘却し、その身体と自分とを非同一化しなければならないのだ。

みなと同じく、わたしは忘れてしまった。自分自身を忘れ、またとりわけ、わたしのなかに生きてきて、なお生き続けているもののすべてを忘れてしまっている。たとえば、わたしは十月十日も母の身体であったということを忘れている。わたしはたんに母のなかにいただけではない——わたしは文字通り母の身体であった。その胎の一部であり、物質的にそこから分離できなかった。その肉から分離できない肉であり、その生から分離できない生であった。忘却は偶発的なものではなく、違った仕方で自己認識し始めるための可能性の条件である。忘却は、母とは別のものになる行為、母の生と息をその胎や意識とは異なるところへと延長する行為と、認知的に一対となっているのである。

みなと同じく、わたしは自分が父の身体であったことを忘れてしまった。わたしはかつても今も父の身体である。そしてそれは物質的な観点においてだけではない。誕生によって、わたしは父の形態と母の形態を自分のなかに携えている。つまり遺伝的に見れば、わたしとは両親の身体と形態とのあいだの、本来ならばありえない騒々しい対話だ。誕生と同時に起こる忘却は、記憶の最も深くにある要素である。そもそも、両親もまたこうした忘却と混淆の果実なのだ。父と母の身体、形態、生を自分のなかに有していることは、したがって、自分のなかに数え切れないほどに連なる生物の身体と生を有しているということを意味している。この連なりは人類の境界、さらに遠く生の境界まで、そしてさらにずっと遠くにまで至るのである。誕生は新入りの登場であるのみならず、未来が無際限に過去へと逸脱することでもある。

みなと同じく、わたしは忘れてしまった。そうするほかなかった。わたしになるために、わたしはすべてを忘れなければならなかった。生まれることは、以前わたしたちであったものを忘れること、他者がわたしのなかに生き続けているのを忘れることを意味する。わたしたちはかつて存在していたが、別様であった。誕生とは絶対的な始まりではない。わたしたちの前にはすでに何かが存在し、わたしたちは生まれる前にすでに何かであり、わたしの前にわたしが存在したのだ。誕生とはそうしたものでしかない。つまり、わたしたちの自己と他者の自己のあいだ、人間の生とノンヒューマンの生のあいだ、生と世界の物質のあいだにある連続性の関係から外れることは不可能であるということだ。

わたしは生まれた。わたしは自分とは異なるものにつねに乗っている。自己とは、他所から来てわたしよりも遠くに行くよう定められた異質な物質の乗り物にほかならない。それが言葉、香り、視覚、分子のどれにかかわるかはさほど重要ではない。

わたしは生まれた。わたしを作っている物質は純粋には現在的なところがまったくない。わたしは先祖以前《アンセストラル》の過去から乗って、想像できない未来を目的地としている。わたしとは、ばらばらで両立することのない時間、ある時代や瞬間に割り当てることのできない時間である。わたしとは、ガイアの表面で起こる複数の時間どうしの反応なのだ。

わたしは生まれた、というのはほとんど同語反復だ。わたしになるということは生まれるということであり、生まれるということはあらゆる自我《エゴ》に固有の活力である。「わたし」は生まれながら他の存在に対してのみ存在しているのであり、翻って、わたしとは乗り物にすぎない――「わたし」はつねに自分とは異なるものを運ぶ何かなのだ。

ただ一つの同じ生

わたしたちは生を、両親と子どもとを結び合わせる過程として描き出す。わたしたちはそこで、身体が種的関係という秩序に従うと考えている。わたしたちはその帰結を——母と父から娘と息子への——世代の連なりとして描き出す。わたしたちは生を、いとこ、おじ、おば、祖父母へ、さらにはその親等を定義する名前がなく、あいまいに親戚とだけ呼ぶような親類へと広がっていく巨大な樹形図を生み出すような何かとして考えている。わたしたちは血と肉の絆について語る。しかし、わたしたちは誕生における、さらに異質な存在を忘れている——生はわたしたちの概念的な組み合わせ《ブリコラージュ》が望むよりもずっと野生的で親密な仕方で構成されている。

子どもたちを見てみよう。わたしたちの身体の一部は他者となった。なにより、その一部は異質な身体へと統合され、自立的でわたしたちから分離した別の生を生み出した。意識についても同じことが言えるだろう。自我の一部はわたしたちから逃れて他者となり、手の届かないものになった。わたしたちの自我はいまやわたしたちの外に、わたしたちとは別に存在し、永遠にわたしたちが自分のものとすることはできない。かつてはわたしたちのものであったこの別の生は、まさしくわたしたちと同じように「わたし」と言うのであるが、それは文字通りわたしたちの「わたし」であった物質と精神の一端であり、かつパートナーのものなのである。にもかかわらず、この生は他者の身体を超えて、そのなかで、それを横切って、さらに他所へと広がっていく。別様に言うならば、わたしたちの身体においてわたしたちの精神は他者たちになっていくのだ。

あらゆる子どもは識別できない自分だ。あらゆる子どもはもって生まれた物質にメタモルフォーゼを課すような身体である。身体と自我の掛け算——わたしたちが誕生と呼ぶもの——はなによりまず既存の身体が変様する過程である。わたしたちが忘却として、すなわち乗り越えがたい認識と記憶の限界として体験するのはメタモルフォーゼだ。誕生のおかげで、あらゆる生ける身体は、その形態、寸法、状況にかかわらず、また属している種と界にかかわらずメタモルフォーゼなのだ。つまり、先行する身体の変形、以前に存在した形態の変様、すでに世界に触れていた眼差しの変化である。

わたしたちが生まれるのは、わたしたちがみな、その魂と身体とにおいて、世界の一部にすぎないからだ。生まれることはこの点に集約される。すなわち、わたしたちはメタモルフォーゼ、つまり世界の肉の微小な部分の微々たる変様以外の何物でもない。しかし、わたしたちが自分の身体に受肉する母の身体の一部は——一見それよりも小さい父の一部と同じく——終わりなく連鎖する変形と受肉の一段階にすぎない。わたしたちは、今のわたしたちになる以前には両親の身体の一部であったし、わたしたちの世代が生まれる以前の両親の身体の一部であった。わたしたちは先祖以前《アンセストラル》の過去を、つまり、わたしたち各自の身体を地球史——惑星や、その土壌や、その物質の歴史——のごく限られているが果てしない一部分となすような過去をもつのである。

すべての生きものはある意味で、形態から形態、主体から主体、実存から実存へとうつろい続けるような一つの同じ身体、同じ生、同じ自己である。この同じ生とは惑星を生気づける生であり、惑星もまた生まれ、既存の身体＝天体《コール》――太陽――から逃れ、四五億年前に物質的なメタモルフォーゼによって生み出された。わたしたちはみなその小片であり、閃光である。先行する数えきれぬ存在のなかで生がなしたこととは別の仕方で生きようとする、天体的物質でありエネルギーである。しかしながら、この共通の起源――より適切に言えば、わたしたちが地球の肉と太陽の光、つまり「わたし」と言う新しい仕方を再発明する肉と光であるということ――は、わたしたちにただ一つの同一性を強いるわけではない。反対に、より深くて親密な親縁性（わたしたちは地球と太陽であり、それらの身体、生である）のゆえにこそ、わたしたちは絶えず自分の本性と同一性とを否認するよう定められており、それらを新たなものへと手を加えるよう強いられている。差異はけっして自然ではなく、運命と責務である。わたしたちは互いに異なったものになる義務を、自分をメタモルフォーゼする義務を負っているのである。

誕生と自然

　誕生は、生きものが経験しうる最も個別的な過程、最も個別性を与える過程である。誕生はたんに親密な閾であるだけでなく、親密さを可能にし、かつその境界を画定するものでもある。ところで誕生以上に普遍的なものはない。つまり、すべての男性とすべての女性は、現在、過去、未来において、性別や階級、文化、指向に関係なく誕生しているのであり、このことはそればかりか、あらゆる生きものについても、その種や綱、界に関係なく当てはまるのだ。コナラ、ネコ、キノコ、バクテリアはみな誕生によって規定される存在である。

　誕生はわたしたちのあらゆる経験のうちで最初のものであり、あらゆる経験の超越論的形態である。しかし誕生はまた、この惑星にあるそれぞれの存在に共通のものでもあり、進化の樹形図のどこに位置しているかにはほとんど関係なく、他の生きものの自己からわたしたちの自己を識別不能にする経験でもある。わたしたちが共有するのは共通の根、遥かなる起源ではない。わたしたちが共有するのはむしろ可能性の条件であり、あらゆる生きもの、あらゆる現生種、さらには生命とその環境の連続性の形態である。誕生とは秘密の通路である。つまり、ある形態の生を別の形態に、ある種を別の種に、ある界を別の界に導く変様の運河なのだ。

個体や種、惑星が交流し、互いにメタモルフォーゼしあうのは、じつにこの通路においてである。誕生は同じ種に属している個体どうしを識別不可能にし、種どうしを識別不可能にし、そして生きもの全体と地球とを識別不可能にする。したがって、わたしたちの系譜学は惑星規模のものであり、家族の規模にとどまらない。へそが示しているのはわたしたちと地球との、そしてすべての生きものとの紐帯であって、たんに母親の身体との紐帯だけではない。

わたしたちが体験したように、それは母親の胎内で起こりうる。それは内壁がカルシウムでできた球体の内部で起こりうる。それは野外あるいは海中において、自分たちの遺伝的特性を共有する二つの単細胞生物の身体を通して起こりうる。それは、たとえばウイルスがそうであるように、異質な身体の化学的本質を占拠し操作するというかたちをとりうる。生まれるのはいつも他者の身体においてなのだ。まさにこれこそが自然と呼ばれるものである。生まれるということは、たんに両親との血縁の紐帯を結ぶという以上に、生の変様の鎖に環を加えるということである。したがって、生まれるということは自然であるということであって、あらゆる生まれたものの存在様態が自然と呼ばれる。ただ誕生によって、誕生を通して、誕生のおかげでのみ存在しているものはすべて自然なものなのだ。自然《ナチュール》=本性は本質の同義語ではない。自然な存在であるわたしたちは、身体においてゆっくりとなされる移住と所有の過程によって世界へとやってきた存在なのである。

生まれたということが意味しているのは、別の物が新たな形態のもとに配置されたということ、メタモルフォーゼされたということにほかならない。生まれたということ、すなわち自然であるということが意味しているのは、地球を使って、つまりわたしたちがその変化や表現であると同時に、その分節や襞《ひだ》でもあるこの惑星において利用可能な、世界をつくっている全物質を使って、自分自身の身体を組み立て、建築しなければならないということである。生まれたということは、わたしたちの前にあるすべての物と同じ物質によってわたしたちが作られているということを意味している。

生まれることは、あらゆる生きものにとって、世界を作っている無限の物質の一部分であるという経験をするということであり、この経験は「わたし」と言うための別の仕方を発明する。地球《グローブ》をその無限性において感じたり、見たり、体験したりするために、地球をひっかき回す必要はない。わたしたちがなすべきことは、自分の身体の物質的・精神的な記憶を探査するということだけだ。わたしたちは各々が地球史であり、地球の一バージョンであり、ありうる一つの結論である。

生まれることは、あらゆる生きものにとって、自分自身の歴史を世界の歴史から切り離せるようになることではないし、局地的《ローカル》なものを大局的《グローバル》なものから区別できることでもない。わたしたちは特殊で替えの利かない身体——別の特殊で替えの利かない身体から生まれ、生み出された身体——において生まれるが、しかしどの生きものも、過去、現在、未来における惑星全体の生を表現している。

わたしたちにおいて「わたし」と言っているのは、つねにガイアである。わたしたちとは世界であり、わたしたちはみなそれぞれの仕方で世界的である。わたしたちは、世界の内容であるが、しかしまた、とりわけ世界の形態でもある。「わたし」は純粋に個人的な機能や活動ではけっしてない。それは地球の力なのである。

宇宙規模の双児出生

世界の形を描くのは誕生である。誕生に際してのみ、そしてわたしたちが生まれたという理由でのみ、さまざまな場所、空気、水、火や、人々、思い出、夢、嘘は、相互に属しあい、一貫したものとなり、みずからを肉体とすることができる。ただわたしたちが生まれたという理由でのみ、さまざまな物体がちぐはぐなままとめられているだけではなく、世界が存在する。誕生は自己と世界のあいだで共有されているがゆえに、二重の過程であり、パラレルで同時的である。生まれるのは生きものだけではない。世界もまた、どの新たな個体が現れるのとも違った仕方で生まれる。あらゆる誕生は双児の誕生である。世界と主体はヘテロ接合体の双児、つまり同時に生まれ、一方なしにはみずからを定義することのできない双児である。逆に、世界にあるすべてのものは、その残りのものとの双児出生関係によって定義される。

誕生は区別と分離の出来事であるだけではない。合流と集団における同化の運動でもある。あらゆる誕生は異質な身体への浸透である。誕生とは異質な身体の馴致であり順応である。誕生の秩序は地球の身体を再配分することしかしていない。この秩序、自然にしたがって、すべての生まれた存在、つまり現在、過去、未来のすべての生きものは作られてきたし、いまも作られており、そしてこれからも同様の仕方で作られるであろう。わたしたちが森を散策するときに足をなでるシダ、わたしたちが食べるニワトリ、わたしたちの街路に沿って植えられたポプラやプラタナス、わたしたちに迷惑をかける虫、腸のなかの微生物は、宇宙規模の近親関係によって結びついている。他の身体を利用し、統合し、また互いの身体のなかに再受肉し続けるほかないシャム双生児である。生まれることはいつも、他者（母や父、さらにまた両親を通して他のすべて）の身体であった身体を得ること、そこから自分固有の肉を作ることを意味している。わたしたちはたんに兄弟姉妹であることがないのと同じく、たんに娘と息子であるのではけっしてない。わたしたちは同じ相貌を共有している。わたしたちはお互いに似ている必要はない。木々は微生物やシマウマと同じくらいわたしたちに似ていない。しかしわたしたちはみな同じ誕生を共有しているがゆえに、同じ身体を生きているのである。

わたしたちがみずからの世界‐内‐存在という超越論的構造を共有していることは、共通の身体に浸透してそれを専有することの必然性に帰すわけではない。それが意味するのは、とりわけ、他の生きものと双児出生関係にあるということだ。自然であることは生きとし生けるものと双児であるということである。

双児出生は身体的あるいは遺伝的な類似によっては定義されない。それは、誕生——同じ瞬間、同じ胎、同じ母——を共有する二つあるいはそれ以上の存在がかかわる関係である。それらの存在は遺伝的に異なりうるし（ヘテロ接合体の双児）、お互いにまったく似ていないということがありうる。しかし、それらの存在が胎を共有して世界に来た瞬間、誕生において、そして誕生によって一致している瞬間、その実存は形態ないし同一性の共有よりも深い共有によって特徴づけられている。すべての存在を誕生によって、そして誕生において一致するものとみなすこと――すべての存在を自然な存在とみなすこと――は、すべての存在を宇宙規模の双児とみなすことである。

双児出生においては、双児たちをふたたび結びつける水平的関係は両親という媒介を超越する。この関係は同じ親を持っているというたんなる事実よりもいっそう強い。この強さが由来する明白な事実とは、双児の二つの身体が肉体にも物質的にも形態的にもまったく異なっているにもかかわらず連続的であると考えられ、同様に片方の自己確立がかならず他方との同一化と同時であることである。双児とは、自己が偶然的なものであり、その自己が他方と異なっているという明白な事実に曝された存在である。どんな双児であっても、それぞれ他方の身体をまとって再会することができたはずなのだ。

惑星規模で見るなら、双児の誕生は理屈に合わない珍事ではなく、誕生のパラダイムそのものである。すべての生きものはガイアというただ一つの同じ母を持っており、この母を他の無数の存在と共有している。

同じ種のすべての存在が双児であるだけでなく、すべての種が双児なのだ。ヒト、アリ、コナラ、シアノバクテリア、ウイルスは、それらが身体であり精神である世界の実在性を絶えず複製するような、ヘテロ接合体の双児にほかならないのである。

出産あるいは生の移住

みな自分が生まれたということを忘却している。わたしたちは、他者に生を与える経験を定義上したことがない者――男たち――によって生み出され支配された文化において生きている。おそらくはこれが理由で、わたしたちは死や老化の恐怖に取り憑かれている。

死者の崇拝はまだわたしたちの社会の土台にある。わたしたちは死者の体を封印された箱へと丁寧にしまいこみ、霊廟を建立し、絶えずその記憶を掘り返す。わたしたちは本棚全体を死にかんする自分たちの省察で埋めている。反対に出産＝誕生は神秘と禁忌でありつづけている。千年にわたって発言と芸術の場から女性を排除してきたことで、あらたな自己の出現に対する驚きの表現と共有は、希少で困難で聴き取ることのできないものとなっている。出産が集団において祝福されることはほとんどない。わたしたちは出産についてほとんど話をせず、祝わず、この出来事が自分たちの体と魂とに残す痕跡に注意を払うこともない。

みな忘却している。しかしながら、ある者たちは自分の身体のなかに、生まれることの意味をただちに学ぶ可能性を擁している。その者たちにとって、それは生理的で、明白で、直接的な経験なのだ。

他者を出産するということは、自分自身が為した誕生をふたたび体験することを意味する。誕生の真のアンチテーゼは死ではなく、自分自身の身体が他者の身体を生み出すのを見るということである。つまり、自分の身体が、もはや個人的、個別的なところのない一つの生によって貫かれた母体へと変様するのを見るということである。その生に個人的、個別的なところがないのは、個体から個体へ、身体から身体へと通過し、伝達されてゆくその生が、しかし母子の個別性や自立性を否定しないからである。それは自分の身体が形態から形態へ、器官から器官へ、息吹から息吹へと二重化するのを見るということである。そしてまた、自分の身体が海へと変様し、そこで生が自己から自己へ、個体から個体へ、類から類へと移住するのを見るということだ。

すでに生み出されており、わたしたちのうちで自立的に生まれるこの第二の身体は、異質な身体であると同時に、エイリアンであり、双児の身体でもある。二つの相貌の融合から生まれたがゆえに、それは異なる相貌、異質な特徴を持っている。しかし新生児が馴致し飼いならすのはわたしたちの身体である。二つの身体のあいだの形態学的な類比に加え、肉体的、物質的、精神的な連続性が問題になる。母と子は十月十日のあいだ外延《レス・エクステンサ》を共有する。二つの存在、二つの主体（法的にさえそうである）、二つの生でありながら、母子の身体は延長実体において一致しており、同じ空間を占め、同じ原子で構成されており、ただ一つの同じ肉である――この肉体はもはや排他的な仕方で両者のうちの一方に属していない。この連続性――自立的でありながら空間的に一致していること――こそがメタモルフォーゼと呼ばれるものの超越論的形態であり、あらゆる出産＝誕生の形而上学的な神秘である。

わたしたちに命を与える生は、わたしたちだけのものではない。この生は、わたしたちともはやなにも（病気、味、経験、意見、死）共有しない個体や身体へさえ、真理《サルワ・ウェリタテ》を侵すことなく移行することができる。生はわたしたちの身体をあふれ出し、移住し、また自己を増やして、わたしたちから分離することができる。それはまるで自分を生み、自分がその一部であった樹木から離れる種子のようだ。妊娠とはこの生はつねにわたしたちの身体から他所へ行き、別の身体を構築する用意ができている。わたしたちを生あらゆる生に内属するこの原初的多数性の経験にほかならない。すなわち、かつてはわたしたちを生み出した無数の身体を生気づけてきたただ一つの同じ生を共有して互いに引きこむ、少なくとも二つの主体、二つの類、二つの息吹に共有された外延として自分の身体を生きることである。わたしたちの生はたんに特異で唯一で個別的なものではけっしてない。だからこそ生の形態は、つまり生とその形態の超越論的統一は存在せず、けっして存在しえないのであろう。誕生とは、まさしくこうした超越論的総合の否定である。わたしたちはつねに別の形態から到来するのであり、そしてその形態の変形、変異、歪曲《アナモルフォーズ》なのだ。

反対に、わたしたちのうちで最も力強い身体は、自分たちを生気づける生を共有する別の形態を、自分たち自身の形態から作り出すことができる。多数性は生の最も深い真理である。だがこの多数性はたんに数の上のものではなく、あらゆる生きものの深い（物質的、肉体的、心的な）統一性を否認しない。生きものに多数性があるのは、生が変様における連続性を知っているからだ。自分に固有の形態を解体することなく、また、自分自身の生を、つまり最も微小で、最も個人的で、最も自己に近い生を、なにか異なるものに住みつかせることなく、無限に生き延びることは不可能なのだ。生きものが多数化し変異しても生が多数化することはない。じっさい、生はあらゆる生きものにとって同じなのである（さもなくば誕生も進化も不可能だろう）。

妊娠を経験すること――他者の身体において自分に固有の身体が再生するのを見るという経験――もまた、別の理由で特異である。この経験は独特な時間性において展開するのだ。あらゆる妊娠は、先史時代――これは（あらゆる誕生はヒトという種の誕生および創造と一致するのだから）種のさまざまな起源と一致する――と、SF作品の夢想を超えたところにある絶対的な未来との共現前を現在に移植する。誕生は現在、過去、未来といった時間の縮約である。誕生はつねに、歴史と取り返しのつかぬほどにその外部にあるものとのあいだの閾にある。

出産するということは、歴史（と個人史）を解体すること、自分の身体の年齢を解体すること、現在と過去という時間を解体すること、そうして一種の人工的で技術的で文化的な先史を、母と子に共通のそれを打ち立てることを意味する。妊娠期間中の身体は、たんに歴史的であるのではない青年期を作り上げる。というのも、その青年期は母の生の始まりにあるのではなく、任意の瞬間にあるからだ。しばらくのあいだ、母の身体は青年と老年の手前にある何か、自分の身体に萌す生の種子のようなものとなる。そしてこの種子においては、母こそがまるで自分の誕生に先立つ時間と存在の様相に連れ戻されるかのようだ。この前‐個体的で前‐人格的な、あらかじめ決まった性を持たない種子は、秘められていると同時に普遍的な実験室、つまり、母や子、人間の空間、さらには惑星をも変えてしまうようなメタモルフォーゼの時空なのである。地球が生きものを擁し、生み出すのではない。生きものこそがその妊娠によって違う仕方で地球を生むのである。

したがって、出産することは、地球を他所へと運ぶために自分の身体を通過させることを意味する。

あらゆる出産はプレート・テクトニクスの連続であり、これによってガイアは自分の位置を変化させうる。この観点から見れば、出産＝誕生は移住の過程である。生むことは自分の生、息吹、自分の自我を別の場所、別の身体のなかへと移住させることを意味する。母（あるいは父）であることは、身体から身体へと移住できること、他所からわたしたちのなかへと到来したこの自己を別の目的地、生の別の形態へと移住させることを意味する。あらゆる自己は移民であり、それゆえこの神なる自己が、そのさまざまな同一性のうちの一つだけと同一化することはけっしてありえないであろう。

だからこそ母性は一つの性に限られた経験ではない。それは女性であることと本質的につながっているわけではない。母を作るのは誕生であり、逆ではない。母性は性にさだめられた運命でも本質でも規定でもない。そうではなく、誕生が特定の身体へもたらす帰結である。出産＝誕生がもつ本質的でないこの特徴は、分娩において明らかになる。母になるには仕事が必要であり、そしてその仕事というのは分娩に限られた話ではない。出産＝誕生はつねに技術的空間を開く。すなわちそこにおいては仕事と想像力、力と意識、心的な努力と身体的な努力がかならず互いに結びつき、そして異なった仕方でそれをおこなうことのできるような場を開く。逆に、おそらくわたしたちが始めるべきは、わたしたちが技術と呼んでいるもののうちに、なによりまず母性に生じることとの一バリエーションを見るということである。生きものが出産することができる――つまり母になることができる――からこそ、わたしたちは世界を操り、変様させ、生とよばれるこのメタモルフォーゼ的な跳躍へと関係させることができる。あらゆる技術的操作を可能にしているのは、出産、すなわち、それらにおいて生が受肉する形態と別の形態のあいだを媒介する仕事なのである。

神々の謝肉祭

わたしたちには誕生について書かれたものが不足しており、そうした文書が存在したとしても、より「上品な」知の周縁に追いやられている。図像学的な証言は豊富にあり、数世紀のあいだこの現象についての考察を育んできた。じっさい、キリスト降誕はヨーロッパ絵画がもっともよく扱う主題の一つである。しかし、画家の眼差しは神学的観点《プリズム》によって偏っている。描かれているのは普通の誕生ではなく、二度と起こりえない、自然に反するような唯一の出来事である。キリスト教神学はあらゆる自然主義的な枠組みから誕生を抜きだし、誕生と自然とを対立させるに至り、誕生を奇跡と考えることで、誕生を思考不可能にするのに貢献した。

キリスト教神話においては、誕生は絶対的な新しさと同義語となる。あらゆる自然的秩序を超越する力の経験となるのだ。自然はまったく埒外に置かれる。聖書外典の福音には次のように書かれている。「そのとき、畏敬とともに大いなる静けさが降りた。風さえも凪ぎ、そよ風さえまったく吹いていなかったので、木々の葉の動きも水音もなかった。小川は流れず、海の動きもなかった。海で生まれるあらゆるものも静かだった。人の声も響かず、大いなる静けさがあった。というのも、そのときには極点でさえもがその速い動きを止めていたのだ。時間の尺度はほとんど停止していた。みなが大いなる畏れにおののき、静けさを保った。わたしたちはいと高き天の神の到来、世界の終わりを予期していた」。

こうした誕生は、自然と切り離されるなら、母性とも切り離される。そこでは生理学的かつ形而上学的に、母子のどちらもが権利を奪われている。母は崇拝において子の面前に現れる。「光が現れたとき、マリアは彼女が世界へもたらしたものを崇拝した。子を見ると、太陽のようにまばゆい美しさと大いなる喜びとで輝いていた。というのもただその子だけが安らぎをあたりにもたらし、安らぎとして現れているからだ」。

この降誕の神学は、誕生をもっぱら女性に関わる問題へと単純化した。それによれば、女は男を知らないままで（nesciens virum）、男の精子なしに（non ex semine viri）出産する能力を持っていることになる。したがって、その仕事はほかならぬ女のものだということになる。

神の降誕はあらゆる生誕のパラダイムであり、他の者の生誕とは異なって（「フランク王国の修道士」パスカシウス・ラドベルトゥスの言には「〔神の受肉としての降誕は〕他の子どもたちの誕生とは異なり言葉が肉となった（verbum caro factum non ut caeteri nascuntur infantes）」とある）、罪も苦しみもなく、欲望や混淆やメタモルフォーゼから解き放たれている。徐々にこの法外な出来事は世俗化され、広い意味で人間の誕生となった。ハンナ・アーレントの著作においてその最も顕著な例が見出される。アーレントは、ひとり人間のみが死を経験すると述べる師ハイデガーの教えとは反対に、誕生をすぐれて人間的で人間発生的な経験であるとした——中世神学をパラフレーズするなら、次のように書くことができるだろう。「他の者とは異なり、人間は肉となる（homo caro factus non ut caeteri nascuntur viventes)」。こうしてアーレントはウェルギリウスの田園詩を参照して、そこに「降誕への賛歌、子の誕生、新たな世代の到来に対する恵みの頌歌」を見出しつつ、「自己における誕生という神の性質」について述べている。したがって誕生とは「時間的連続のなかに、まったく新たな何かとして現れた新たな被造物の登場」である。ここにおいて誕生はとりわけ人間に関与する。人間のみが「その誕生の力によって始まり（initium)、新たに来た者、革新者」となり、人間のみが「創始《イニシアチヴ》を獲得し、活動へもたらされる」がゆえに、人間のみが生まれるのである。アーレントによれば、「始まりの原理が世界に到来する」のは、ほかならぬ人間の現れとともにである。[1] 人間のみが創始し、活動することができるのだから、人間のみが真に生まれることができる。他方、活動に固有のものである新しさを、わたしたちに真に経験させるのは誕生である。「生まれるという事実なくして、わたしたちは新しさとは何かを知ることさえできないであろう」。

この千年来の遺産から解放されるのは簡単ではない。しかしそうするためにはおそらくキリスト教の教義の中心的な直観を反転させること、あるいはむしろ、そこから離れるというよりも想像可能な極限までラディカル化することが必要であろう。武力に武力で闘うこと、神学の最低の形式に最高の形式で闘うことが必要なのだ。だとすれば次のように想像しなければならないであろう。もし神が生誕に参与するならば、どんな自然的存在――ウシ、コナラ、アリ、バクテリア、ウイルス――にも受肉するはずである。もし誕生が救いをもたらすなら、どんな誕生に際しても、どんな瞬間にも、どんな場所にも、救いをもたらすはずだ。あらゆる誕生は神格化の一形態、神的実体の伝達の一形態であるが、同時にとりわけ神々のメタモルフォーゼの一形態でもあると想像するべきであろう。だとすれば、神はその単一性においてあらゆる生きものを包括するが、反対に、いかなる生きものも神性の多数化の経験である。それを前にしたならどんな歴史的宗教も青ざめるような、神学的な謝肉祭における経験なのだ。

こうした見方は、『エレホン』を著したイギリスの著名な作家であるとともにダーウィンの熱心な読み手でもあるサミュエル・バトラーによって予想されていた。バトラーはその『既知の神と未知の神』のなかで次のように書いている。「神は人間になれないが、それは他のいかなる形態の生きものとも特段変わらない。それは、わたしたちは目になれないが、それは自分のあらゆる臓器についてもそう言えるのと同じである」。この新たな受肉のエコノミーにおいて、人間は特権的位置づけを占めることができないし、そうすべきではない。「わたしたちはある形態の生が別の形態よりも神に似ていると認めることはできない」。生きものの単一性は神性の痕跡である。バトラーは次のように書いている。「したがって確かなのは、あらゆる形態の生は、動物であれ植物であれ、じつのところただ一つの動物である。わたしたちとコケがただ一つの同じ人格の一部をなしているということは比喩的な意味ではなく指の爪と人間の目が同じ人間の一部であると述べる場合と同程度、字義通りで本来的な真理を伴っている。わたしたちが神の〈身体〉を見ることができるのは、この〈位格《ペルソナ》〉においてで

1　Hannah Arendt, *The Human Condition*, Chicago and London : the University of Chicago Press, 1998, p. 177〔ハンナ・アレント『人間の条件』志水速雄訳、ちくま学芸文庫、一九九四年、二八八―二八九頁〕

ある。そしてその〈受肉〉の神秘を見ることができるのは、この〈位格《ペルソナ》〉の進化においてである」。

もし誕生――そしてメタモルフォーゼ――が、生物学的かつ遺伝的かつ肉体的な連続というつながりにおいて生きものをふたたび結びつける力だとすれば、バトラーがしたようには、位格《ペルソナ》あるいは有機体における統一という語で誕生を解釈することはできない。この見方は誕生を与える＝出産する者という観点を看過し抑圧している。世界に誕生を与えるのはもはや神ではないし、人間の姿で神を生み出すのはもはや世界ではない。あらゆる誕生は神々の移住の過程である。

地球の言葉《パロール》

わたしたちはみな先行する生の反復である。誕生を通して構成されねばならないから、生とはつねに反復である。可能な起源は存在しない。生とはそれに先立つものの新たなバージョンである。だからこそ生きものの起源についてのすべての問いはアポリア的であり、逆説的である。反復として、どの生も過去との両義的関係にある。どの生も過去の象徴であり、指標である。どの生も過去を含んでおり、その受肉した表現である。にもかかわらず、この表現においては、過去はたんに記憶や想起として意味をもつのみならず、再整備され、恣意的に再構成され、変容させられる。同じ理由で、あらゆる生は象徴的な本性を有している。わたしたちは言葉としての言語が現れるのを待つ必要はなかった。あらゆる生はすでにその身体において言語である。誕生こそが解剖学的・生理学的な形態から記号に位置づけられるものを作り出すのである。

この明白な事実から誕生についてのたぐいまれな省察の一つが分節化されてくる。その省察は、フロイトの天才的で異端な弟子、友人のひとりである〔ハンガリー生まれの〕フェレンツィ・シャーンドルによって披露された。一九二四年にドイツ語で最初に出版された驚くべき書物、『性的生の諸起源の精神分析――タラッサ』においてフェレンツィは、あらゆる形態の生は反復によって記憶の彼方のトラウマを補おうとする「太古の存在形態の反復である」という考えを主張した。

それによれば誕生は「大災害の個体における反復」を表象している。すなわちそれは「多くの動物種と、もちろんわたしたち固有の祖先である動物とが、海洋の干ばつに際して陸上生活に適応することを強いられたという大災害」である。じっさい「干ばつ以降、最初の頃の魚どうしの交尾の試みは、海という、慣れ親しんだかつての環境、湿度が高く食料に富んだ環境を動物の身体のなかにふたたび見出すためにおこなわれるようになった。同様の、しかしさらに太古に生じた災害は、単細胞生物たちの共食いを引き起こしたが、敵対するどの生物も相手を滅ぼすには至らなかった。このようにして、妥協の上に同盟関係、一種の共生が実現しえた。この共生は、共存の時期ののちに、太古の形態へと、つまり原始的な細胞を新たに生み出し提供する受精した細胞（初期の生殖細胞）へとつねに回帰するのである」。すでにラマルクにおいて生きものの環境と解剖学的構造は象徴的な関係にある。解剖学的構造はつねに、その形成を決定づける過去の環境の象徴であり、逆に環境はそこに住んでいた存在によって手直しされる。ここで、象徴性は超世代的な性質を獲得する。生のどの形態も、災害およびトラウマの象徴であると同時に、その乗り越えのしるしでもある。「わたしたちが遺伝と呼ぶものはおそらく、トラウマの解消という骨の折れる仕事の主要な部分が子孫へと転移したものにほかならないのだろう」。わたしたちの遺伝的自己同一性は「わたしたちの祖先が遺し、個体によってさらに受け継がれたトラウマ的な刻印の集積を表象する」。わたしたちのDNAは「エングラム」の集合、つまりあらゆる生きものによって体験されたすべての闘争の、とりわけ敗戦のヒエログリフの集合である。それらを贖い救おうとするあらゆる生きものたちの意志を、わたしたちは受肉しているのだ。したがってこの観点からすれば、すべての生ける身体は同時にその象徴性の言語、言葉《パロール》であり、話すもの、発話主体はつねに惑星それ自体である。

じっさいフェレンツィによれば、「一方では母の胎、海、大地のあいだ、そして他方では陰茎、子ども、魚のあいだには、ある象徴的同一性」が存在する。母性は宇宙規模でつくられたものである。「母とは［…］じつのところ海洋の象徴、部分的な代替物であり、その逆ではない」。母性がつねに地質学的、惑星的な機能であるのみならず、生きもの自身が地球全体の象徴なのだ。こうして生は宇宙の自己表現を可能にするのである。

運命としてのメタモルフォーゼ

ひとたび誕生すれば、もはやわたしたちに選択肢はない。誕生はメタモルフォーゼを運命にする。わたしたちはただ生まれたという理由で世界に存在する。その逆もまた真である。生まれたということは、わたしたちがこの世界の欠片であるということを意味している。わたしたちは形相的かつ質料的にガイアであり、その身体、肉、息吹と一致している。この一致は、わたしたちの身体のなかに地球がトポロジー的に含まれていることよりも異質で複合的なものである。わたしたちはたしかにこの世界の欠片であるが、わたしたちはこの欠片の形態を変化させなければならなかった。わたしたちは一握りの原子、一握りの身体である。この一握りのものは——そのすべてが——すでにそこにあったのであり、それに対して新たな方針、新たな運命、新たな生の形態を課すということを、わたしたちは望んだのであり、なしえたのであり、そしてなさねばならなかった。わたしたちはこの惑星のメタモルフォーゼである。わたしたちのそれぞれがメタモルフォーゼであり、自分自身とその他の身体へと接近したのはメタモルフォーゼを通してである。わたしたちは自分が世界にやって来るための宿とした物質の一端を変化させた。わたしたちは両親の身体と生を自分のものとし、その流れを変容させた。両親のDNA、自己、微笑み、声、アクセントは流用され、わたしたちの身体のなかで陶酔しているかのようだ。

わたしたちの生は他者の生のメタモルフォーゼという行為によって始まった。娘もしくは息子である（つまり生まれた）ということはとりわけ次のことを意味している。つまり、他者の身体——両親の身体と世界の身体——のメタモルフォーゼの代行者となることを強いられているということだ。この行為は分娩と誕生で終了するのではない。メタモルフォーゼにはけっして終わりがない。自我はつねに〔動力を別のものに振り分ける〕差動装置《ディファレンシャル》なのだ。

わたしたちが生き続けられるのはこの同じ身振りを延長することによってでしかない。メタモルフォーゼはけっして停止することがない。メタモルフォーゼはまさしく誕生によって残された傷跡であり、運命である。メタモルフォーゼは過ぎ去ってしまった手の届かない出来事ではなく、あらゆる生きた身体の生の様態である。メタモルフォーゼは受動性の形態ではなく、自分自身と世界とを前にした生きものの、無限の能動的空間なのである。

メタモルフォーゼは他者の身体——わたしたちが受け入れて、徐々に手なずけていく身体——との接着であり一致である。メタモルフォーゼを横断することは、他者の身体において「わたし」と言うことができることを意味している。あらゆるメタモルフォーゼ的な存在——あらゆる生まれた存在——はこの他性によって構成され、取り憑かれており、けっして消し去ることができない。わたしたちが自分たちの出発点（遺伝とよばれるもの）からきわめて隔たった何かを打ち立てたとしても、他者はわたしたちのなかに残っている。遺伝概念はこの側面を完璧に表現している。わたしたちにおいて最も秘められており最も深奥にあるもの、つまりわたしたちの遺伝的同一性は、他者に由来するものであり、他者によって彫琢されたものである。わたしたちの形態が、ある《エートル》という動詞を活用させることはけっしてないだろう。わたしたちの形態は所有しか定義していないからだ。それはわたしたちが持っている何か、習慣《ハビトゥス》による蓄積なのだ。わたしたちはそれを統合することがけっしてできないだろう。わたしたちのなかにはつねに他性のしるしが残り続けるだろう。しかしこの他性はわたしたちに与えられている。つまりいまや変容を被りうる。遺伝とは、他者に属していたものを我がものとし、変容する可能性を表している。

この観点からすればメタモルフォーゼとは、完全に自己自身でありうることはけっしてなく、他者と一つになって完全に溶け合ってしまうこともありえないまま、他者を自己のうちに擁するよう強いる条件なのである。生まれたということは次のことを意味している。純粋であることなく、自己であることがないということ、そして、他所から来た何かを、つまりわたしたちがいつも自分自身にとって異質なものとなるように駆り立てる異質な何かを自己のうちに有しているということなのだ。わたしたちは自分自身のうちに、自分の両親、祖父母、その両親、人間以前の霊長類、魚、バクテリア、そして炭素、水素、酸素、窒素等々といった極小の原子に至るまでを運んでいる。わたしたちが均質的で透明で、完全に識別可能となることはけっしてないだろう。

メタモルフォーゼはたんに二つの差異の継起であるだけでなく、他者と入れ替わることの不可能性であり、ただ一つの同じ生における最も隔たった可能性の逆説的な共存である。

世界の鏡

みなと同じく、わたしはすべてを忘れてしまった。どんなイメージも心に浮かんでこない。わたしたちはイメージを集め、ストックし、アーカイブする。そして部屋の壁に掛け、携帯電話に集め、自分たちの顔の代わりとみなしている。わたしたちは自分が見、聞き、感じ、触れたすべてのものから世界の真理を作り出す。にもかかわらず、わたしたちは存在し始めたまさしく最初の瞬間に聞き、感じ、見たものについて何も知らないし、何も知ろうとはしない。つまり、世界の最初のイメージを。やっと胎内から出てきたばかりで見、知覚したものを。そのときにはまだ見ることのできない目で。

みなと同じく、わたしはすべてを忘れてしまった。あるいはおそらく、わたしは忘れていない。おそらく、この味、匂い、光、まさしく最初のイメージはあらゆる知覚の組織であり肉となったのだ。すべてが世界のうちに存在しているように見えるのは、おそらくはこの最初のイメージのおかげである。事物をこの世界の事物、色、形態、現実へと変様させるのは、おそらくはこのイメージなのだ。

宇宙のイメージについて考えるとき、わたしたちは一葉の写真を、AS一七－一四八－二二七二あるいはザ・ブルー・マーブルと名付けられた、一九七二年十二月七日にわたしたちの世界から約二万九〇〇〇マイル離れた宇宙空間で撮影された写真を考える。わたしたちが地球について考えるときはいつも、無のなかに沈み込むこの球体を考える。しかしわたしたちは惑星のイメージを得るために、自分たちの生活圏を離れて宇宙に行く必要はない。わたしたちのそれぞれが惑星だからだ。

生まれることは、たんに世界の一部となることではない。それはまた、とりわけ世界の開かれた地図帳となることなのだ。すべての生きものはたんに世界であるのではなく、その鏡であり、世界そのものを自分のなかにイメージとして迎え入れるよう定められている鏡なのだ。わたしたちは主体としての、イメージとしての世界である。

生はたんに世界の変様ではない。それは世界がその部分の一つに映し出される瞬間であり、世界はその部分の一つのうちで保存されるイメージとなる。わたしたちが意識と呼ぶものは地球の自己反射＝反省、そしてどの生きものも必然的に世界の意識ということになる。解剖学的構造ではなく鏡としての世界のイメージである。知覚し始めることさえ必要でない。あらゆる生きものは、自分の行動のすべてにおいて世界全体を反映する能力、惑星全体のイメージとなり、それを保持する能力にほかならない。わたしたちが全体性を見出すために、グローバリゼーションは必要ない。それぞれの生きものの中心には、全事物を見る視野がある。そしてこの視野、この全体性は、事物のそれではなく、可能な生のそれである。それは世界が自分の家を再発見できるようにする仕方なのだ。

みなと同じく、わたしはすべてを忘れてしまった。わたしは忘れることしかできなかった。新たな生はすべて惑星のための新たな家であり、惑星のための「わたし」と言う新たな仕方なのであって、それゆえ地球はそうするために自己忘却する必要があるのである。誕生ごとに、わたしたちのそれぞれにおいて、地球の生きもののそれぞれにおいて、地球はみずからが何であるか、あるいはその瞬間まで何であったかを忘却し、そうして異なる仕方に自分の顔を作り変え、自分の歴史を打ち立てる。地球がそれをカエデの身体においておこなうのか、ワシの身体においておこなうのかは重要ではない。あらゆる生きものは地球の再受肉そのものなのである。

II　繭

変様《トランスフォーメーション》

こんな夢をよく見た。繭に閉じこもっている。どんな繭でもよい。自分のアパルトマンの一室でも、遠く離れた国にある田舎の別荘でも、海底の潜水艦でもかまわない。世界との関係からまったく切り離されて、素材《マチエール》の活動に没頭している。自分の魂が裁断され、新たな形態のもとに溶接され直されてゆくのに気づく。魂を彫琢し、端から端まで変化させてゆく力を感じる。目が覚めると、自分のものだと思っていたもの、自分だと思っていたものが、まったく見出されない。目が覚めると、自分をとりまく世界すら——テクスチャー、強度、輝きにおいて——それまでと決定的に異なっているのに気づく。

こんな夢をよく見た。繭糸にくるまって幾日か世界から切り離されている。柔らかくて清らかな卵を作って、自分の体をそのなかで活動させておく。世界そのものがもはや同じでなくなるような根本的な変化を通過する。それまでと同じように見ることはもうできない。それまでと同じように聴くことはもうできない。それまでと同じように生きることはもうできない。見違えるほどに変化したものとなる。そしてそれ自体も見違えるほどに変化した世界に住みつく。

こんな夢をよく見た。自分にはイモムシの潜勢力がある。幼虫である自分の体から翅が不意に生じるのが見える。這い進むのではなく飛ぶ。地上をではなく風に乗って。死ぬことも生き返ることもせずに一つの生き方から別の生き方へと移行し、そしてまさにそうすることで触れることなく世界をひっくり返す。魔術のなかで最も危険な形態だ。死に最も近い生。メタモルフォーゼ。

これが夢でしかないのはなぜか、ずっと疑問だった。覚醒状態で一度もこうした生を経験したことがないのはなぜか。なにによりもまず変化をめぐる不調がある。

わたしたちは運動と変様を二つの物神《フェティッシュ》としてきた。にもかかわらず、あらゆることが運動を不可能にするためにおこなわれている。わたしたちは他所に出かけたり、社会のなかで居場所を変えたり、別の居住地へと転勤したり、ある状態から別の状態へと移行したりすることを切望している。だが、こうした変化はすべてまやかしだ。わたしたちは同じ生を新たな舞台装置へと移すのであり、心地よいだまし絵であるそれは真なるものを、つまりわたしたちの魂が昔から持っている手つかずの古びた調度品を蜘蛛の巣で覆ってしまう。かつてグローバリゼーションは人類史上かつてない流動性を約束していたが、それは世界規模となったすごろくであることが明らかになった。移動は加熱したが、参加者たちはみな元のままである。金持ちは金持ちのまま、貧乏人はゴール地点に着いても貧乏なままで、スタート地点よりも多くのチャンスを得られるわけではない。西洋人たちはどこにいても西洋人のままであり、アフリカ人は西洋において排除され処罰され続ける。こうした運動が世界的に社会や地理を変質させることができるとすれば、それは社会や地理が同じルービック・キューブの二つの面だからだ。色の本性と数は同じままであり、たんに互いの位置を入れ替えるだけである。

わたしたちは世界の変様、進歩、改善への不足なき愛をわめきたてるが、実際に起こる変化にはいつも怯えている。わたしたちは自分をとりまく物の配置換えをしたがるが、内心ではそれによって自分の同一性《アイデンティティ》が変質しないよう願っている。つまり、自分が大切にしているものを失うことをひどく嫌っている。みずからが世界を根本的に変様させたというのに、わたしたちはこの変化のせいで身動きが取れなくなっている。わたしたち自身を変化させてこの変化に付き従うことを拒否しているのである。

いつだって変様はうわべだけだ。いつだって運動は行き詰まることになる。わたしたちを引き止める何か、わたしたちをメタモルフォーゼから遠ざける何かがある。

わたしたちは変様や変化を、回心と革命という二つのモデルで考えることに慣れている。メタモルフォーゼはそのどちらでもない。

回心においては、変化するのはもっぱら主体である。主体がもっている意見、態度、あり方は変様するが、世界は同一のままであり、同一のままでなければならない。回心の影響を受けなかった世界だけが回心者の変化を立証することができる。回心は往々にして苦難や啓示、長期にわたる禁欲や苦行の実践からなる内面的な道のりの結果である。絶対的で全面的な自己抑制がこの変化の前提となっている。

回心ほどメタモルフォーゼからかけ離れたものはない。

回心は魅惑する。それは主体の全能を示し、立証するのだ。回心者は仲間に ego non sum ego と、つまり「わたしはきみが知っている人間ではもはやない」と言うことを余儀なくされるだろう。思い出をすべて捨て去り、みずからの生を抑圧し、あるいは自分自身の一部を切断することを余儀なくされるだろう。新たな相貌と新たな同一性を引き受け、衣服や生活習慣を変えなければならず、変化への意志の炎にくべた過去から何かを見出すようなことがあってはならない。回心者はこの変化がみずからに由来することを、ただみずからにのみ由来することを確信し続けることができるだろう。作り物の新たな同一性——この同一性は、そこに隠されていた相貌なき「自我」からそのすべてが生じている——は、全面的に飼い慣らされたあの潜勢力についての平凡な賞賛でしかない。人々は世界で起こるあらゆることから身を守るためにこの潜勢力と同一化したがるのである。

メタモルフォーゼにおいては、わたしたちを貫き、わたしたちを変様させる潜勢力は、いかなる点でも意識や人格による意志のはたらきではない。この潜勢力は他所から来るのであり、それがあらゆる決断を超えて作り動かす身体よりも古いのである。そしてなんと言っても、過去や同一性についての抑圧や否認をおこなうような運動がない。メタモルフォーゼ的な存在は、回心者とは反対に、ただ一つの相貌に自分の姿を認めようという願望をまったく放棄した存在なのである。イモムシとチョウを貫く生は、イモムシにもチョウにも還元されえない。それは同時に複数の形態に住みつき、かつそうした形態に仮の住まいを提供することのできる生なのであり、こうした両生類的な性格をみずからの潜勢力とする生なのである。

第二のモデル、つまり革命のそれは、よりありふれたものとなっている。このモデルにおいては、変化するのは世界である。主体はその原因となり、ある世界から別の世界への移行の保証人役を演じるのであって、みずからを変様させることはできない。進行しつつある変様のただひとりの証人であるからだ。革命は、変化の形態のなかでも、現代の技術と政治の寵愛を最も受けたものである。現代の技術と政治はどちらも世界に対するそれぞれの関係をもっぱら世界のラディカルな変様というしるしのもとでのみ思考しているように思われる。技術とは、主体に影響を及ぼすことができず、また及ぼすべきではない変化のパラダイムそのものである。技術的な道具は、それが影響を及ぼす対象を変様させているとき、とりわけ改変されるべきではない。それどころか変化に対する道具の外来性こそがこの変化の有効性を測るのである。あらゆる技術が、その適用対象のじっさいの改良プロセスというよりも、技術者つまり実践主体による意気揚々たる実践にとどまるのは、こうした理由による。革命をみずからの地平とし、その主たる目標としているあらゆる政治についても、これと同じことを指摘できるだろう。というのも、特定の意志の働きからその全体が構成されたような世界という夢には、素材や世界に対する愛、変化に対する関心がほとんど存在しておらず、ナルシシズムと、現実をみずからの鏡へと変容しようとする試みとが数多く存在しているからだ。あらゆる革命は、この意味で、想像されうるよりもはるかにずっと回心に近い。二つのケースのいずれでも主体はみずからの潜勢力に見入っているのである。

革命は回心とまったく同じくらいメタモルフォーゼからかけ離れている。二世紀以上まえから、わたしたちは技術を解剖学的な器官の投影として考えてきた。それは二重の意味においてである。第一に、〔道具や機械といった〕技術的対象《オブジェクト》は、わたしたちの身体を構成している器官の一つについて、その形態を身体の外で再現したものということになる。ハンマーは前腕とこぶしの、メガネは水晶体の、コンピュータは神経系の模倣でしかないというわけだ。第二の意味においては、あらゆる技術的対象は主体と身体外にあるその意志とを再生産するものとみなされている。世界はそれゆえ自我の延長となる。これはメタモルフォーゼにおいて起こるのとはまったく反対のことだ。繭は自我を解剖学的身体の境界外へと投影する道具ではない。それどころか、すべての境界線と同一性が——つまり自我のそれも世界のそれも——一時的に宙吊りになるような閾《いき》を構成することに相当する。繭とは〔メルロ＝ポンティのいう〕キアスムなのであって、それによって世界は自我発生の実験室となり、自我は世界にとって最も貴重な素材、つまり世界を絶えず変様させる素材となるのだ。

昆虫

昆虫はどこにでもいる。数も多い。そして他の綱《こう》に属する生きものとは異なり、それぞれの相違がきわだっている。動物の生物多様性における圧倒的多数（九〇パーセント）は昆虫たちがその解剖学的な形態の創意工夫を競い合うダンディズムによるものだという。じっさい、昆虫については六〇〇万から一億の種が存在すると見積もられている。しかしながらその身体的な想像力は種において新たな同一性《アイデンティティ》を発明することに尽きるわけではない。昆虫はまた同じ個体の一生のなかでたいへんに異なる身体を形成することができるのであり、種から種へと移行する能力をもつ魔術的な存在なのだと長いあいだ考えられてきたほどなのだ。それはまるで、それぞれの種の形態を多数化する弾み《エラン》を同じ一つの個体の形態的多様性に凝縮させるに至ったかのようである。昆虫は惑星規模の生物多様性を個体の名人芸《ヴィルトゥオーソ》としているのだ。

イモムシはチョウへと変態することで、異なる種のあいだにあるのと同じくらい際立った形態学的な多様性を自身の生のうちで、そして自身の生そのものをもとにして生み出す。わたしたちには種《インター》をまたいだ《スペシフィック》経験によってしかアクセスできない差異を、昆虫は生き方のうちで飼い慣らすことに成功している。そもそも昆虫の生き方を定義するにあたっては、かつてオウィディウスがラテン語に導入したメタモルフォーシスという語が、そののちに生物学において採用されたのであった。博物学者トマス・ムフェットはこの借用をおこなった最初の人である。その著作『昆虫総覧』は人間の社会生活を考えるために昆虫をモデルとしたことで近代の政治哲学にまで影響を及ぼした。あらゆる政治が多様性の学であるなら、多様化の名人にこそ共生の仕方を尋ねるべきである。

昆虫たちはメタモルフォーゼの名人であるが、しかしいつもそうだったわけではない。そうした才能とともに「生まれた」のではなく、時間の流れとともにそうした才能を育むことができたのである。それゆえ昆虫たちの偉業はなおいっそう驚くべきものとなっている。最初に現れた昆虫は翅をもたず、その形態を変様させることを知らなかった。その巧みな技は、生まれつきのもの、元からあるもの、自然発生的なものではまったくない。

咎められるべきは皮膚である。想像してみてほしい。あなたは産毛に覆われた、かくも柔らかな皮膚のかわりに、自動車の〔車体と骨組みが一体となった〕モノコックボディであったり、グレンダイザーや鉄腕アトムの鋼鉄製の甲冑であったりによく似た何かを身につけている。あなたは自分の骨格に寄りかかるようにその皮膚に寄りかかることができる。その身を守ることと形態や構造をもたらすことを皮膚に対して求めることができる。皮膚を変えるとはそれゆえ、文字通り形態を変えることを意味するだろう。こうした種類の身体をもっているなら、あらゆる成長はメタモルフォーゼである。わたしたちの生にはただ一つの形態で十分であり、そのシルエットの大きさしか変化しないのだとわたしたちに考えさせてきたフィクションは失墜する。

昆虫から見れば、すべては形態であり、大きさを変えることは総じて新たな形態を生み出すことである。量的現象と質的現象のあいだに明確な区別はなく、あらゆる成長はメタモルフォーゼである。昆虫たちの解剖学的な構造は、他の生きものの身体においてはほとんど知覚不可能なものになっていることを可視化する。すなわち、形態とは、生まれたときに一度限りのものとしてわたしたちに与えられるものではなく、生きているその瞬間毎にわたしたちが構築し解体し続けているものであるということを。そして誕生が形態の構築プロセスであるなら、メタモルフォーゼにおいて誕生はもはや一回限りの出来事ではなく、生そのものの超越論的形態である。

こうした次第で、十六世紀以来、昆虫は生きものの本性と形態変化に対するその関係とを理解するためのテストベッドとなっている。その一方で、昆虫のメタモルフォーゼはさまざまな変様のうちで最もラディカルなものを思考するためのパラダイムとなっている。たとえばヤン・ゲダートはメタモルフォーゼに死者の復活の象徴ないしアレゴリーを見る。昆虫は地上での生活を終えたのち、翅を広げ、天を飛ぶ。同様に、復活した者たちはこの「より幸福な新たな生」に至る前に、しばらくのあいだ、「新たな形態の生」と新たな身体を「得ることができるまで、身じろぎもせず、食べることもしない死者として」とどまり、休息をとらねばならない。

メタモルフォーゼは純化のアレゴリーでもある。昆虫が古い身体を捨てて新たな生き方を獲得するのと同様に、人間は古い生き方を捨てて新たな生き方を取り入れなければならない。

こうした比較はたいへんラディカルだが、容易に反転する。つまり、メタモルフォーゼは世俗における復活であり、わたしたちの身体が形態を変えるたびに起こるものであるということだ。こうした理由でヴォルテールは輪廻や再受肉を具体的に表現するものとして「大地を覆うメタモルフォーゼ」を参照している。「わたしたちの魂は身体から身体へと移ってきた。ほとんど知覚不可能な点が幼虫となり、この幼虫がチョウとなる。ドングリがコナラへと、卵が鳥へと変様し、水が雲と雷になる。木材が火と灰に変わる。要するに、すべてのものが自然のうちでメタモルフォーゼしたように見える」[1]。同じ一つの生において生じるこうした復活ないし再受肉は現代の昆虫学においてまったく別の展開を示すことになるだろう。たとえば一九五八年には、著名な昆虫学者カロール・M・ウィリアムズが昆虫たちの生を「連続して現れる二つの生として生きられる」ような、対立する二つの形態の並列状態になぞらえている。第一の生体は「栄養摂取と個体の未来に」あてられており、その本質は「イモムシの脚で運搬される、消化のための巨大な管」にある。第二の生体は「種の未来に」捧げられており、「性行為のための飛翔機構」をその本質とする。メタモルフォーゼとは、両立不可能な二つの身体が同じ個体に属することを可能にするメカニズムにほかならない。

他方で、昆虫のメタモルフォーゼを変様のなかで最も平凡なものとして理解しようとする者たちもいる。たとえばヤン・スワンメルダムは変様の全形態に連続性と統一性を見出すことに心を配って、この〔昆虫のメタモルフォーゼという〕「変化には植物や花々のそれ以上に驚きを与えるようなところは何もない」ことを示そうと努めるだろう。つまり「花が蕾のうちに秘められているように、動物は蛹のうちに秘められている」。スワンメルダムはさらにこう続ける。「ときに不適切ながら、変様であ

1　ヴォルテール『哲学辞典』髙橋安光訳、法政大学出版局、一九八八年、三〇四頁。ただしコッチャの論述にあわせて訳文を変えた。

ったり、死や復活であったりと呼ばれているこの変化そのものには、秘めたるところも驚くべきところもまったくない。それは、わたしたちが無頓着にも足で踏みつけさえする、野に生える最もいやしく取るに足らない草と同じである」。そしてさまざまな形態のあいだに形態上の強い不連続性を指摘しようとするあらゆる立場に対してスワンメルダムは辟易とするほどにこう繰り返している。連続して現れるすべての形態は「幼虫のうちに、あるいはむしろ幼虫の皮膚の下に隠されている。それは、伸びようとしている柔らかな花が蕾のなかに秘められているのと同様である。というのも、皮膚の下で徐々に成長しつつある若虫の脚は、皮膚に覆われた状態から突如として広がり、まるで皮膚が即座に破裂して脚に道を開けざるをえないかのようなのだ。成長しつつある花が包まれていた蕾を切り裂くのと同様に、前もって隠されていた脚が突如として現れるとき、動物であると示すこの状態にこそ、若虫の真の本質がある」。メタモルフォーゼは生きものにおける啓示の運動、植物の開花と同様の、生きものにおける発作的な開花の運動にすぎなくなるだろう。だが、これから見るように、生きものの内部で形態の多様性をなおいっそうラディカルに思考する方法が隠されることとなるのは、まさにこの比較においてなのである。

二つのケースのいずれでも、昆虫に取り組むということは、ただ一つの同じ生のうちで最もちぐはぐな形態と折り合いをつけるためのさまざまな戦略を記述することを意味している。昆虫たちの生はただ一つの形態において自己表現するのでは満足できないように思われる。昆虫は生の一形態というよりも、さまざまな形態からなる生なのだ。世界という語によっても同じことが言えるだろう。年齢や、状況や、じっさいの解剖学的なシルエットがどれほど多様であっても、あらゆる昆虫はさまざまな世界が織りなす行列なのだ。メタモルフォーゼは一つの生が相互に両立不可能な複数の世界と接続することを可能にする。自我は複数の宇宙の総合となるのであって、自我を取り囲むものの反射や鏡となるのではない。たとえば現代の生物学では、幼虫と成虫のような解剖学的にも生理学的にもあまりにかけ離れた二つの形態の共存について生態学的アドバンテージという仮説から説明されることが多い。つまり、子どもと大人が同じ世界に生きてはおらず、互いに交わることはなく、競争関係に入ることがないというアドバンテージである。一つの種の世界、一つの生態環境《エコロジー》、一つの風景へと誘導されていない一つの生を、子どもと大人は受肉している。いつでも生きものとは、互いに区別され両立不可能な世界を構成するもの、風景から風景へと移住するもの、つねに生態環境の外にある要素なのだ。

あらゆる生きものはキメラである

昆虫の生は多翼祭壇画だ。一つの肖像画を通じて把握することができない。複数の絵を並べて組み合わせるのでなければならない。こうした次第で、昆虫の生についてのより精密な現象学は、たんなる言葉のうえでのカテゴリー化によってではなく、視覚ないし絵画を通じて着手されるとき、はるかに容易になる。これらの形態（および名称）の多様性についての古典的な分類は一七六七年にリンネがその著作『自然の体系』で披露したのであった。リンネは卵のほかに三つの形態を区別している。幼虫、蛹虫（若虫や蛹の同義語）、そして成虫がそれだ。これら三段階によってすでに目的論という形式が定められている。つまり昆虫の実際の外観が示されることになるのは最終段階になってでしかないのである。現代の昆虫学では三つのケースが区別されることになる。たとえばイシノミ目やシミ目におけるように、変化がもっぱら大きさにのみ関わるようにみえるとき、不変態《アメタボリー》と言われる。反対に、たとえば直翅目〔バッタやコオロギなど〕や等翅目〔いわゆるシロアリ〕に生じるように、幼虫が、たとえその大きさが異なっていても成体と甚だしく類似しており、翅も生殖器官ももたないが、成体の形態には見られないようないくつかの特徴を備えているとき、半変態《ヘミメタボリー》ないし不完全変態と言われる。

それに反して、たとえばとくに鞘翅目〔甲虫など〕や鱗翅目〔チョウ〕のケースにおけるように、幼虫が身体構造の点で成体と非常に異なっており、また過渡的段階（蛹化のそれ）が見られるとき、科学者たちは蛹期のある変態つまり完全変態《ホロメタボリー》という言葉を用いる。

しかしながら、さまざまな段階や、多様な齢《れい》、そしてシルエットが別のシルエットと結合されるさまざまな契機を集めたこの目録において、みずからの位置を確かめるのは容易なことではない。メタモルフォーゼをめぐる認識の進展が文字によってだけでなく、ヨーロッパの最も偉大な挿絵画家のひとり、マリア・ジビーラ・メーリアンによる視覚的な研究によっても進められたのは、それゆえ偶然ではない。偉大な版画家にして出版者であったマテウス・メーリアンの娘として一六四七年にフランクフルトで生まれたマリア・ジビーラは、幼少期以来、昆虫たちの生を観察することに没頭し、そして三一歳のとき、これらの動物に捧げた最初の著作『イモムシの驚くべき変態と花に対する奇妙な食性』を出版する。のちに彼女は、物心がつくようになる前から昆虫たちを観察するのに魅せられていたと語ることになる。「わたしは蚕から始めた。フランクフルト・アム・マインの出身地で見つけたものだ。それから、より美しいチョウが一昼夜かそこらでイモムシから生み出されるということを発見してからは、見つけることのできたすべてのイモムシを集めて、それらのメタモルフォーゼを観察することに邁進した」。著作の最初の一葉が蚕を舞台にあげるものとなっているのは、それゆえ偶然ではない。

その二一年後、一六九九年六月にマリア・ジビーラは、次女を伴ってスリナムへ二か月のあいだ旅行することを企てる。スリナムには二一か月とどまり、当地の動物相と植物相を研究することになる。

それらの研究成果は主著『スリナム産昆虫変態図譜』に実現される。両著作にふくまれる図版には製図および概念に大変革が起きている。マリア・ジビーラはメタモルフォーゼの絵を描くにあたって、生きものそれ自身を一つの世界にするような一種の通時的アルバムを素描したのだ。たとえば、ある昆虫の肖像画には単一のフレームのうちに「イモムシや幼虫、夏鳥、夜行性のチョウ、羽虫、その他の小さな動物たちにとっての食物を表している植物たちが、そしてそれらの変態が、時間や場所、特性とともに書き込まれている」。背景を構成していたものがイメージの中心へ戻ってきている。メタモルフォーゼとは、生をさまざまな世界、さまざまな形態へと散布させることである。これら世界や形態は生によって統一的な枠組みのなかで結びあわされるのだ。メタモルフォーゼは、それぞれに一揃いの形態が住み着いているさまざまな世界の連なりを分節する天井のないアトラスとしてしか表すことができない。メタモルフォーゼの力である限りで、あらゆる生は展開されつつあるアトラスである。この力は一つの領土に宿っているようなものではない。その肉体において領土の地図であるのだ。空間はもはや生の容れ物ではない。生はそれ自体複数の形態や世界をただ一つの身体から展開させる。この身体はみずからのうちに宇宙《コスモス》の地図作成法――それは通時的なものであり、その完成は先延ばしされ続ける――を受肉させるのである。あらゆるメタモルフォーゼは生に一つの場となることを強いる。それは住まわれる空間であり、探査され展開されるべき領土である。つまり解剖学と地理学が合致するのだ。

こうも言えるだろう。メタモルフォーゼとは、さまざまな世界や形態のちぐはぐな連なりを生というただ一つの線において構成可能にするものである。これらの形態を通じてただ一つの自我が表現されるのだ。あらゆる形態は、その最も私的で個人的な厚みにおいて、伝達の純然たる現実であるように見える。したがって、自我の仕事とはなによりもまず、一つの形態を別の形態へと伝達し、みずからを身体から身体へと、世界から世界へと伝達する仕事である。メタモルフォーゼは生を自己伝達の一形態とする。妊娠の運動に近いと同時にこれと相反する運動が問題となっている。妊娠というものはすべてただ一つの身体が二つの生と二つの世界の仮の宿となることだとすれば、メタモルフォーゼにおいてはただ一つの生が二つの身体、二つの世界のあいだで分有されているのである。

メタモルフォーゼとは二つの根本的に異なる形態や世界を生というただ一つの線において構成することであるという考えは、イギリスの現代の生物学者ドナルド・アーヴィング・ウィリアムソンによってその最もラディカルな定式において表現された。二〇〇三年に出版されたモノグラフ『幼虫の起源』に取りまとめられた一連の論文でウィリアムソンはつぎのようなテーゼを提唱している。すなわち、幼虫と成体のあいだの形態学的な相違は、昆虫においても多くの海洋性の無脊椎動物〔クラゲ、カニ、エビ、イカ、ナマコなど〕においても、「幼虫があとになってから生物学的なサイクルに付け加えられたということ、そして、遠戚関係にある動物の成体から生まれたということ」に起因する。それぞれが独立した現象なのではない。「さまざまな種が交雑して新たな動物を生み出すことが時折ある。そうして生まれた動物は、一方の親によく似た形態のもとで孵化し、それからもう一方の親によく似た形態へとメタモルフォーゼする」。幼虫と成体のあいだの距離は、それゆえ二つの異なる種のあいだの距離である。「幼虫と成体はそのそれぞれが自分自身のゲノムをもっているのであって、メタモルフォーゼとは一つのゲノムの発現から別のゲノムの発現への移行である」。「一つの種の卵が別の種の精子によって受精する」とき、ウィリアムソンが逐次的《シーケンシャル》キメラと呼ぶもの、つまり「親の形態がそれぞれ相次いで発現する雑種」が生まれる。「形態はその各自が一つの動物群の一員として発達を開始し、それからメタモルフォーゼすることで、まったく異なった——しばしば異なる門にぞくする——群の一員となる」。

棘皮動物〔ウニやヒトデなど〕のいくつかについては立証されたが、昆虫については実験による確証を得ることのできなかったそのテーゼは、ある意味、意外なものではまったくない。メレシコフスキーが〔マーギュリスの細胞内共生説に先立って〕提示した葉緑体のシンビオジェネシスという仮説に始まり、共生のメカニズムを進化のプロセスの根本的な原動力として一般化することを中心に据えたリン・マーギュリスの研究を経て、ミトコンドリアの共生起源についてのイヴァン・ワーリンの仮説に至るまで、生物学という学問においてほとんど不変の一つのテーゼが受け入れられてきた。すなわち、高等生物の全形態にとって基礎となる細胞（真核細胞）に、非常に離れた分岐群《クレード》（細菌《バクテリア》と古細菌《アーキア》）に属する二つの個体のあいだでのシンビオジェネシスがみとめられるなら、あらゆる種はその最も根源的な本性においてキメラであるというテーゼだ。生命全体がキメラ的な本性を有している。こうした直観にウィリアムソンが付け加えたのは、交雑がたんに生命の原始的段階においてだけでなく、「それ以後の、そして今まさにおこなわれている複数の動物群の進化の歴史において」もきわめて重要な役割を果たすことになるという考えである。「自然に生じた動物の大多数は正真正銘のキメラなのだ」。ウィリアムソンはつぎのような科学的根拠《エヴィデンス》から出発する。「幼虫の構成要素や器官はいずれも成体の構成要素や器官に直接寄与しない」ということ、それゆえ「込み入った幼虫の解体とそれに続く成体の分化にむけた再開とが含まれる生物学的サイクル」は「置換によるメタモルフォーゼ」――「そこでは一つの身体的な形態が別の身体的な形態によって置き換えられる」――の仮説を通じて説明するよりも、幼体の転移による「付加によるメタモルフォーゼ」――「そこでは最初の身体的な形態は第二の身体的な形態の部分となる」――の仮説によって説明するほうが難しくないということである。それゆえ「ある動物の生物学的サイクルの全段階はつねに同時に進化したにちがいない」と考えるのではなく、生命サイクルはしばしば異なった進化の歴史を取り集め、そして逆に、相互にはっきりと区別される進化を逐次的に表現しているのだと考えるべきなのだ。

子どもと大人は同じ系統を共有していないという、遺伝的で形態学的な共有や分類学的な均質性といったものを超えた見方は、厳密に生物学的な考察を離れた観察にとってもきわめて豊かな考えである。幼年期とは、一つの種の記憶、別の生の記憶が再び現勢化されたようなものである――そしてこれは成年期についても同様なのだ。わたしたちの生、ほかならぬ人間の生は、昆虫の生に比べてはるかに平穏な形態学的で解剖学的な線のうえで展開されているように見えるが、じつのところあまりにもかけ離れた形態の統合なのであって、その距離ゆえにわたしたちはある形態から別の形態へと移行するために自分の繭を作る必要があるほどなのだ。メタモルフォーゼは存在している。なぜならあらゆる生きものは、生という同一の線において、最も多様な経験や世界を通じて移行することになるからだ。メタモルフォーゼとは、生きものが複数の生を同時に生きることを強いられないようにするとともに、二つの生きものが完全に混ざり合うことなく共棲することを可能にする回廊なのである。

生まれたあとの卵

成長はつねに誕生の神秘の反復である。個体の発達を規定しているさまざまな要因は、その個体の誕生を決定する要因と同じものだ。ずっと昔から昆虫のメタモルフォーゼはこの自明の事柄を思考する困難と驚嘆の場であった。生はけっして完全には胚の状態を抜け出さないのであり、あるいは逆に、わたしたちが胚の状態と呼んでいるものはじつのところ恒常的状態なのである。昆虫とは、卵がたんに始まりにあるだけではなく、その存在を延長させ、さまざまな形態のもとで再来し、そして誕生に先行するだけでなくその後も続いてゆく何かであるような、生の形態なのだ。カロール・ウィリアムズはこう述べることになる。「メタモルフォーゼする昆虫では、胚期のメカニズムは胚期以後の適切な環境のうちでアクセス可能となる」。メタモルフォーゼは「胚の形態形成メカニズムが胚期以後の昆虫の生へと」移し換えられることでしかないということだ。

現代の昆虫学が長きにわたり温めてきたこの考えを初めて定式化したのはウィリアム・ハーヴィであった。ハーヴィは［胚という］この「特殊な身体的物質」を「植物原基」(primodium vegetale)と呼ぶ。「それ自体で存在しているが、その内部に現れる原基の作用によって植物的な生の形態へと変態する能力を残してもいるような何かとして、生はこの物質に可能態として含まれている」。卵と植物の種子はこうした原基で最もよく知られたものである。ハーヴィはイモムシをこの植物原基の一形態とみなしており、この点でアリストテレス的な伝統に従っている。アリストテレスは幼虫を「まだ成長過程にある軟らかい卵」とみなした最初の人であった（『動物の発生について』758b20）[2]。幼虫とは、時間の前に置かれた一種の卵、母体の外で展開してゆく胚発生のプロセスである。あるいは現代の偉大な昆虫学者アントニオ・ベルレーゼに倣って「自由な胚」と言ってもよい。ハーヴィにとって「幼虫あるいはイモムシは、完全な卵と不完全な卵のあいだのちょうど中間を走る道を作っている。それはじっさい、卵そのもの、すなわちその起源に比べるなら、運動能力や感覚能力、栄養摂取能力を備えた動物である。しかし、それが潜勢態としてその本源となっている羽虫やチョウに比べるなら、イモムシは、ひとりで成長することのできる、這って移動する卵である」。

昆虫の生のパラドクスとは、この放浪する卵たるイモムシが「ちょうどよい大きさになると、完全な卵へと変態し、身動きすることをやめて、潜勢態にある存在となる」というものである。幼虫によって作られた繭（別の言葉遣いでは蛹化の段階）たるサナギは、一種の生まれたあとの卵である。昆虫たちの生とは、別のさまざまな卵を作り出す卵の生なのだ。ヘンソンが一九四六年に記したように、メタモルフォーゼとは「胚発生のあいだに生じる発達プロセスを反復すること」である。この（今日では一部の科学者たちにしか共有されていない）仮説においてメタモルフォーゼとは、懐胎期から遠ざ

2　アリストテレス『アリストテレス全集　十一』今井正浩、濱岡剛訳、岩波書店、二〇二〇年、二一八頁。

かることはあらゆる生きものにとって不可能であることの証拠となる。わたしたちにメタモルフォーゼを定めたのが誕生であるのなら、このメタモルフォーゼによって、あらゆる生きものは部分的に子どもであり続けざるをえない。幼年期はわたしたちのもとをけっして離れられないだろうし、わたしたちは幼年期と離別できないだろう。いずれにせよ、形態を変えること——メタモルフォーゼすること——が意味するのは、みずからの身体をして、新たな同一性を創造し運搬することのできる卵にする力があるということである。あらゆる自我は卵である——そして、あらゆる卵がその表現であるメタモルフォーゼの潜勢力をみずからのうちに保持しているというたんにそれだけの理由で、わたしたちは自我であるのだ。

それはあたかも、メタモルフォーゼによって懐胎能力を内面化して、それをもはや他者だけでなくみずからの生存にも向けることが可能になったかのようである。わたしたちはあまりにも死や退廃や衰弱に取り憑かれているので、あらゆる生が懐胎の力であること——それ自身の形態に、そして数限りないそれ以外の形態に生を与えていること——にもはや気がつきもしない。メタモルフォーゼとはなによりもまず、みずからを生気づけている生をさまざまに変化させてゆくこの力をその胎内に宿すという、あらゆる生きものがもっている潜勢力なのだ。こうして卵——昆虫たちはこれを生まれる前の胚域分離から自由にし、生きているあいだにそれがふたたび現れるようにした——は絶対的な媒体、生が貫き生み出す全形態の中間状態となる。卵とはメタモルフォーゼ状態の標識《エンブレム》なのだ。ハーヴィの述べるように、それは「生気づけられた存在と生気づけられていない存在」のあいだの中間的な状態である。「というのも卵には真の本来の生が与えられていないが、しかし卵にこの生がまったく欠けているなどということはないからだ」。

卵は、懐胎と同様に、過去と未来の関係を書き直すヒエログリフでもある。ハーヴィいわく、卵は「始まりにあると同時に終わりにある」のであって、「親と子どもを、つまりかつて存在したものとこれから存在するものを結ぶ橋」のようなものである。あらゆるメタモルフォーゼは――卵の経験を永続させることである限りで――時間が矛盾する運動に対応する。幼年期（わたしたち自身の幼年期であるか、種や生、あるいは大地の幼年期であるかは重要ではない）はもはや歴史が始まる以前の出来事なのではなく、たえず回帰し、現在をひっくり返し、現在が描き直されるようにするものなのだ。他方で、未来は生まれたあとの卵のおかげで生じ、また、過去とはみなされたがらない幼年期のおかげで現在から逸れるように見える。幼年期や青年期のイメージは変化する。つまり幼年期はもはや年齢や経験不足の問題ではない。行動と形態のあいだの関係の問題なのだ。形態がポイエーシス的な仕事の対象であり続けているような生、みずからを保護する形態のうちに自身の姿を完全には認めることのできない生は、すべて若い生である。

卵はまたメタモルフォーゼの作品にして媒体《メディア》である限りで、個体と環境を分かちがたく結びつけることをその第一の目的とする身体のパラドクスでもある。じっさい、あらゆる卵において、生きものは自分ではない部分、そこから栄養を得ることができるような世界の一部分をみずからのうちに含んでいる。見方によっては、このような分かちがたさは個体の誕生によって終わるわけではなく、じつのところ自分の殻を破るという一度限りの出来事のあとでも継続されているのであり、それゆえ環境世界と結びつけられた個体は卵の構造を再生産している。世界そのものが、生きものと環境のあいだの物質的、構造的、空間的な合致を承認する卵である。生態学《エコロジー》は卵の理論でなければならないだろう。生きものが空間やみずからを取り巻く生と結びつけられるたび、それは、その生きものの形態をその身体の外側へ通過させるということ、あるいはその逆に、みずからが直面しているものの形態をその胎内に受け入れうるということなのだ。生態学的な関係はすべてメタモルフォーゼ的な関係である。つまりそれは卵をその環境から再構成する試みなのだ。

反対に、あらゆるメタモルフォーゼは、卵の構造が誕生以後も周期的に再出現するプロセスである限りで、あらゆる生きものの形態が世界全体の形態であり、それゆえあらゆる生きものは世界のメタモルフォーゼであるということの証拠にほかならない。内部は絶対的な外部性へとひっくり返る。昆虫にとって繭は、個体とその外部——世界、親、子ども、種——のあいだに横たわっているたんなる境界線ではなく、個体と個体自身のあいだを媒介する境界や空間、つまり個体を構成しているさまざまな形態の内なる境界なのだ。繭はまた、生まれたあとの卵である限りで、あらゆる生が自分のために世界や環境を作り出すような闘でもある。メタモルフォーゼを通じて、身体はあいかわらず自分に異質な形態によって自分のための居住空間を作り出す。自己との関係は、一つの種の内部での個体どうしの関係や、惑星上の生の歴史における種どうしの関係と完全に等価なものとなる。生そのものが、地球の形態を多様化してやまない卵なのだ。

若返り

メタモルフォーゼとは、みずからの幼年期とけっして切り離されない身体に特有のものである。逆にいえば、もはやみずからの幼年期を生きるだけの力がない身体——あるいは、そうした事態を予測して、繁殖することで〔幼年期という〕この経験を別の身体へと移譲した身体——だけがメタモルフォーゼすることをやめる。青年期がたんに身体の生における儚い一段階ではなく、生きている身体の安定した恒常的な構造であるというのは、いままで生物学においてたびたび抱かれてきた考えである。エルンスト・ヘッケルの師のひとり、アレクサンダー・ブラウンは「青年期と老年期はたんに生が分割されうる時間的な区切りではなく、したがって、ここで青年期が終わり、老年期が始まるなどと言うことはできない」との考えを提示した最初の人であった。青年期と老年期とは、あらゆる瞬間にあらゆる個体の生において共棲している有機的で精神的な力なのだ。ブラウンはこう記している。「青年期の出現は、老年期のそれに比べてきわめて多様な相互関係のうちにみられるのであり、たんに生のさまざまな圏域で同時に現れるだけでなく、同じ圏域に現れもする。青年期と老年期は互いに押し合いへし合いしているのだ。すでに子どもにおいては古い歯（乳歯）が早々に廃棄されることになっており、さらにまた、より上の年齢では若い歯（親知らず）が現れる。特定の器官は生まれる前からすでに古く、死んでいる。たとえば哺乳類のエラ、クジラの歯がそれだ」。青年期はそれゆえ年齢ではない。それは若返り（Verjüngung）の力なのであって、この力の強さは老化の力と——たとえ対立するのであれ——同等であり、個体の生を通じてたえず現れているのである。

こうした生きものについての根本的にオリジナルな見方の最高潮《フェルマータ》は、青年期と老年期が「ただ一つの同じ発達史において相互に変質しあう」のでなければならないということである。つまり「わたしたちは、青年期が老年期を貫き、発展させ、変態させ、あるいは発達の歴史の真っ只中に押し込めるのを見る」。メタモルフォーゼはそれゆえ、生きものが周期的におこなうさまざまな若返りのサイクルでしかない。わたしたちはみずからメタモルフォーゼしていかざるをえないのだが、それはただ自分自身の青年期から、つまりその身体を彫琢し続ける若返りの力からけっして離れられないからにほかならない。

ブラウンは若返り現象が恒常的に出現する場を植物界と昆虫界に見るが、とはいえ問題となっているのは普遍的な現象である。ブラウンはこう続ける。「若返りなくして発達史なし。つまり生気づけられていない存在だけになってしまう。あるいはむしろ、成長時に消えゆく無機物そのものには若返り能力が欠けている。そしてそういうわけで、発達も生殖も欠けているのである」。ブラウンによれば若返りには二重の形態がある。個体が先行する生の状態に回帰するという形態と、進化の歴史全体の始まりに回帰するという形態である。第一の形態が「個体の発達史における個体の若返り」によって現れるとすれば、第二の形態は「さまざまな個体の連なりを通じた種の若返り」を実現する。

これらの仮説は長いあいだ十九世紀科学の幻想趣味《ファンタスマゴリ》とみなされてきたが、有性生殖後でも発達サイクルを反転させることのできる動物が二〇年ほど前に発見されて以来、あらためて注目されている。その生体というのは、チチュウカイベニクラゲ（またはベニクラゲ）の名称で知られているクラゲであり、その「変態の潜在能力は、刺胞動物門にみられるきわめて多様な種類の生命環にあって唯一無二である」。ステファノ・ピライノ、フェルディナンド・ボエロ、ブリジット・エシュバッハ、フォルカー・シュミットからなる科学者チームはじっさいに「その生命環の単独性段階で性的成熟に到達したのちにクローン的段階へと完全に戻ることのできる後生動物の初めて認識された実例」をこのクラゲに確かめることができた。ヒドロ虫綱の大半がそうであるように、ベニクラゲは有性の遠洋相と無性の底生相──いわゆる「クラゲ」として知られているそれと、ポリプの群体に代表されるそれ──を行き来する生命環を示している。後者〔ポリプ〕の段階において、この動物の組織構造は〔要素が互換可能な〕モジュール式のものとなっている──それゆえにこの動物は、有性生殖のあとは死すべき運命にある非モジュール式のあらゆる生体とは異なり、潜在的には無限に生き続けることができるのだ。さて、敵対者や環境ストレスに直面したとき、これらのクラゲはポリプ状態に後退することがある。この動物は、まさしく繭のなかの幼虫のように、自身の身体の一部を破壊することで別の形態を発達させる。かくして、一方では「クラゲの分化した身体細胞がすべて退化すると、未分化のまま保存され、不可逆な仕方では〔クラゲという身体に〕組み込まれていない細胞全体によって、ポリプ細胞を生み出すことが企てられる」。他方で「クラゲの分化した細胞が分化転換して、必要とされる新たな種類の細胞を生み出すこともありうる」ように見える。つまり、分化済みの身体細胞はその組み込まれ方と遺伝子発現とを変える、ないしは未分化の細胞の状態へと戻るのである。著者たちの書くところでは、こうした変態は「メタモルフォーゼとみなすことができる。ただしそれは普通の個体発生の道筋とは反対の方向に進むのだが」。じっさい通常ならば、クラゲの生の初期段階を特徴づける「メタモルフォーゼ的な」ポテンシャルは発達とともに失われる。このベニクラゲという種においては、その逆に正真正銘の「個体発生の逆転」が強いストレスをあたえる状況や老化に反応して引き起こされうる。科学者たちの解説するところでは、それは「有性生殖のあとに幼虫期に移行することのできる、憶測に過ぎない想像上の昆虫」のそれにも似た状況なのだ。

このクラゲは、形態から形態へと緩慢に移行するという昆虫の能力を先鋭化させ、ブラウンの仮説を明白なものにしているように見える。若返りは生きものたちの歴史やバイオグラフィとは無関係に存在しているのであり、たえず身体を生気づける構造的な力であるということだ。すべての生きものはみずからの皮膚を硬化させ、そうして幼年期を分泌することができる。みずからの身体を操作し、みずからの骨を破壊し、未来の青年期を精製するにはあまりに硬く、あまりにも長く生きた肉を破壊することができる。メタモルフォーゼの奇跡とはこうしたものである。

じつのところ、生殖そのものが、たんなる増殖プロセスとしてではなく、数的に異なる自立した身体の構築を経るような若返りの経路として理解されねばならない。じっさいに若返るのはいずれにせよ生それ自体なのであって、この生がぴったりとはまり込んでいる形態ではない。

そういうわけで、メタモルフォーゼは多くの場合にあまりにも苦しいものとなる。メタモルフォーゼとは、あらゆるものが暴力に似通ってくるような時期である。わたしたちがみずから罰する身体が、世界によって与えられうる身体よりも険しく見える時期である。わたしたちはみずからを閉じているにもかかわらず、あらゆるものによって苦しめられる。わたしたちは幼年期を生み出すために繭に閉じこもっている。世界を忘却し、過去を無垢の状態でやり直すべき時間を過ごす。外からだと拒絶や暴力に見えるものは、内から見ると、思考することも想像することもできない未来のための創造的想像力にほかならない。すべての生きものは孵化し、未来の幼年期を作り上げる。この幼年期は生きものたちだけのものではなく、地球全体のものでもある。

そもそも、生きものそのものを惑星の若返るプロセスとみなすことができるだろう。ブラウンの言うように、「地球上での生物の出現における先史的な変化は、かくして、大きなスケールでみられた有機的自然の若返りのようなものとして現れるのであり、そして有機体の王国の個別的な類と種は、それら王国が発達してゆく大きな流れに属する下位部分として現れるのである」。生とは、地球がみずからの本性＝自然《ナチュール》と歴史を忘却しようという試み、かつてあったものからのたんなる論理的で歴史的な帰結ではないような未来において過去の身体と記憶を忘却しようという試みである。地球上の生の歴史は、惑星を若返らせる試み――その地理的な同一性の破壊――なのだ。

技術についての新たな考え

繭とは、こう言ってよければ個体によって製造された、生まれたあとの卵である。繭は一つの圏域を定めているのであり、繭であることと繭を作ることは第三の次元において基礎づけあっている。この明白な事実はなによりまず、メタモルフォーゼ的な現象についてわたしたちがいままで無視してきた特徴を明示している。つまりその本性は純粋に技術的であるということだ。どんなメタモルフォーゼにおいても生きものは自身の形態を構築しなければならず、それゆえこの形態には自然本来であったり自然発生的であったりというところがまったくない。とすると、そこからまさに技術の本性そのものが根本的に変様したものとして出てくる。

わたしたちは技術を、個体の生物学的な欠如からもたらされたものとして考えるのに慣れている。プラトンや、プラトンの語るプロメテウスとエピメテウスの神話以来、わたしたちは技術を、もっぱら人間にみられる特徴としてだけでなく、生物学的発達における欠如に対応するものとしても考えることに慣れているのである。他の生きものに比べて人間の身体の能力と形態には生物学的な欠如があり、このことによって人間の身体が規定されているがゆえに、人間は技術を必要とする。神話はこう物語っている。すべての生きものに適切な能力を供給し備えさせるという任を帯びたエピメテウスは、分配可能なすべての能力を人間以外の生きものに割り当てて使い切ってしまい、それゆえ人間は「何も持たず」、「裸で、履物も、着物も、自分の身を守るものもない」ままになってしまう。かくして、プロメテウスはヘファイストスとアテナから火と技芸を盗み出し、人類に技術を与えたのであった。生きものたちのあいだで唯一、人間は「音をはっきりと発音し、ことばを形成するわざ」を有しているのであり、「住居や着物、履物、夜にその身を隠すものを手に入れ、大地からその糧を引き出すのであった」。

この神話がメタモルフォーゼにおいて上演するのとは異なり、技術的に作られたものは、あらゆる身体がその発達から自由になること、そしてこの本来的な未決定性を、解決すべき問題ではなく、自己とすべての生きものとの包括的関係の形態とすることを可能にするものとなる。技術はわたしたちがその特殊性を解消させ、そうして以前の発達段階へ戻るのに、つまり個人史であると同時に進化の歴史でもある歴史をやり直すのに役立つ。技術とは幼年期を供給すること、若返りの手段なのだ。あらゆる技術的対象《オブジェクト》は、世界から若さを盗み出し、それをわたしたちの生に移植する卵である。わたしたちは共有された幼年期のいくばくかを生み出すために技術的対象を構築する。そして、この幼年期において若返るのはいつも生なのであって、生をわたしたちの身体のうちで運んでいる形態ではない。若返りとはいつも非人称的なのだ。

技術的な生まれたあとの卵としての繭は、テクノロジーについての近代的な考えをも反転させることを可能にしてくれる。器官投影（Organprojektion）という名で知られるその考えは、一八七七年にドイツで刊行された、テクノロジーの本性についての最初の近代的な著作でエルンスト・カップが展開したものである。カップによれば、あらゆる技術的対象、あらゆる器具は、生体の構造を身体の外部へと完全な同型関係において投影したものでしかない。たとえば、ハンマーは前腕とこぶしが、メガネは水晶体が、コンピュータは脳が投影されたものということになる。器官の拡張、その解剖学的身体の外への投影は、身体の欠如を補正する（他の動物に対してあまりにも備えの足りていないわたしたちの身体を根本的に強化する）ことを可能にすると同時に、とりわけ、世界を人間化することをも可能にする。器官投影によって、つまり技術によって、世界は人間の身体が拡張されたものとなる。マクルーハンが示した人間の拡張としてのメディアというテーゼは、カップの理論の註解でしかない。こうした観点に立つなら、技術とはまず、もっぱら人間に属する何かであり（動物やその他の生きものは技術をもちえない）、そして人間が影響を及ぼすものを人間へと変様させる何かである。技術的世界は関わるものをすべて人間に都合のよいものにする。解剖学的形態のこうした「極度の屈曲」は、人間が世界をみずからの似像や類似物に作り変えることを可能にするだろう。ある意味、人新世という概念に暗黙裡に含まれているのはまさにこの考えなのである。人新世においても人類の技術的発展は宇宙《コスモス》を「人間化」するのだ。

反対に、繭が具現化している技術の考えでは、世界を操作することは、自分自身の本性を手放すこと、その本性を外部に投影するのではなくみずからの内部で変化させることを可能にするものとなる。技術——繭——とは、あらゆる生きものが自身とともつ形態であり、みずからの身体と同一性を根本的に修正させる形態である。自己とのあらゆる関係は卵を、つまり生まれたあとの繭を生み出す。

この繭は世界を、自己を再生し作り直す空間にするのだ。わたしたちはこうした変貌を可能にする繭を各技術的対象のうちに見る術を学ぶ必要があるだろう。一台のコンピュータ、一台の電話、一本のハンマー、一本の瓶は、たんに人間の身体が拡張されたものではない――それらはそれどころか、個人の同一性《アイデンティティ》の変化を、あるいは解剖学的な次元でないにしても、すくなくとも動物行動学的な同一性の変化を可能にするような、世界の操作なのである。一冊の本でさえ、みずからの精神の描き直しを可能にしてくれる繭なのだ。

技術――繭を構築するわざ――によって自己は、変様作用の主体になると同時に、その対象や手段にもなる。技術は、生と対立したり生を外部へと延長したりするような力ではない。技術とは、生の最も内的な表現、その本来的なダイナミズムでしかない。

植物のメタモルフォーゼ

メタモルフォーゼは身体の全体的形態に関わるプロセスというだけではない。それはまた身体のさまざまな部分のあいだに打ち立てられる関係でもあり、この関係のゆえにその各部分は生の線を辿り、その発達の過程で広がってゆくことができる。それはまた、同じ身体の内部では各部分が等価であるという原理でもある。じっさい、わたしたちの身体全体は、ごくわずかな一部の物質がなんとか展開することのできたさまざまな形態を一歩一歩、段階を踏んでメタモルフォーゼしてきた結果なのである。メタモルフォーゼはそれゆえ、さまざまに分化した一連の段階において生きものの構築を規定している歴史的なプロセスであるだけではない。それはまた、なにより、きわめてちぐはぐな形態や機能によって構成された身体を、ただ一つの同じ生の線を貫いてきた統一的な何かにするような共時的紐帯でもある。生物学がこうした側面を意識できるようになったのは、昆虫の生ではなく、植物の生に取り組むことによってであった。そして今日わたしたちが「発生生物学」と呼んでいるものが構築されえたのは、あらゆる植物的身体に特有の可塑的な力としてのメタモルフォーゼをめぐるこうした省察の枠組みにおいてなのである。

あらゆる植物的存在の根底にはけっして汲み尽くされえないメタモルフォーゼの核があるという考えを初めて示唆したのは花々であった。花は、あたかも生きものが持つメタモルフォーゼの能力を最も力強く、最も完璧に表現するものであるかのように、形態から形態へと、まったく限定されることなく移行可能な身体を持っているのだと考えられていた。ゲーテが述べることになるように、「自然はただ一つの同じ器官をたんに変化させることでさまざまな形態――それらは一見きわめて異なっている――を作り出す。葉や萼《がく》、花弁、雄蕊《おしべ》といった多くの外的器官のあいだの秘められた類縁性や、それらが前後して、いわば相互に生まれてくる仕方は、かねてより博物学者たちが見抜いていたことであり、ただ一つの同じ器官が互いに異なった数多の形態のもとでわたしたちに現れてくる現象は植物のメタモルフォーゼと呼ばれてきた[3]」。

それを最初に指摘したのはカール・フォン・リンネであった。「花と葉の根源は同一である」。植物においてあらゆる器官が他のどんな器官とも交換可能となるのは、こうした花と葉の本源的な等価性から出発してのことである。じっさいまた「芽と花の根源は同一である。芽は初生葉《しょせいよう》によって構成されている。托葉《たくよう》は葉の付属肢である。花被《かひ》は互いに接合した初生葉から形成される。尾状花序《びじょうかじょ》の花のうちで運ばれている栄養に富んだ汁液の横領によって、葉は萼となる。さらには、植物の成長があまりにも豊かであったなら、わたしたちが花を求めるところに葉が配置される。また、植物が貧弱にし

3　ゲーテ「植物のメタモルフォーゼ試論」（『ゲーテ形態学論集・植物篇』木村直司編訳、ちくま学芸文庫、二〇〇九年）の序論（第三節から第四節にかけて）に見られる言葉（邦訳では一〇〇―一〇一頁）。ただしフランス語に合わせて訳し直したところもある。

か成長しなかったなら、葉があってしかるべきところに花が生み出される」。花とは、植物において各部分は他の部分と等価であることの証拠にほかならない。この観点からすれば、植物的身体が動物的身体によって模倣されることはありえない。前者においてはあらゆるものがあらゆるものに由来するのだとしたら、後者においては「部分はあまりにも互いに異なっているので、次から次へと取り換えることが不可能であり、また、ある部分は別の部分が変化したものだと言うことが不可能であるかのようだ」。近代発生学の創始者のひとり、博物学者カスパー・フリードリヒ・ヴォルフが定式化するように、「肝臓を食道が変化したものと考えたり想像したりすることはできない。[…] 動物については、わたしたちが植物に見ているものを見ることはできない。[…] ただ一つにして唯一の発生原理を通じて、それがさまざまな仕方で変化されることで、身体のすべての部分が生み出されるというのは不可能である」。動物の身体は、「必ずしも互いに結びついておらず、相互に依存してもいないさまざまな原因が組み合わさることでほぼ生み出される」。反対に、植物の身体はただ一つの発生原理しか示しておらず、その身体とは部分から部分へと流動的に変化しているものなのだ。花とは解剖学的で身体的な絶対的可塑性の原理の証拠であり表出である。その原理によれば、一つの身体を持っているということはもはや一つの形態のもとで存在していることを意味しておらず、あらゆる形態を別の形態に翻訳する潜勢力を持っていることを意味している。

この根本的な統一性のゆえに生殖と成長を分離することは不可能となる。花は、身体の解剖学的部分がすべて互いに等価であり翻訳可能であることの標識《エンブレム》であり、成長と繁殖の同一性を生み出している。ヴォルフに着想を得てゲーテはこう述べることになる。「生命力を発現している植物を観察するなら、そうした力には二種類あることに気づく。すなわち、まず成長する力であり、これは葉をつけ、茎を伸ばすことを通じて発現する。それから繁殖する力であり、これは花序と果実の形成によって発現し完成される」[4]。葉と花が同一であるという主張は、成長と繁殖が同一であるという主張に存している。ゲーテはこう続ける。「成長をより詳しく検討するなら次のことに気づく。すなわち、植物は節から節へと伸びて葉を次々に生やす――要するに成長する――のと同時に、ある種の繁殖をおこなっている。この繁殖は花と果実による繁殖と次の点でのみ区別される。つまり花と果実による繁殖が同時的であるのに対して、前者の繁殖は継起的であり、そして個々別々の一連の発達を通じて発現するのである。継起的な繁殖を通じて示されるこの成長する力は、同時的になされる大規模な繁殖を通じて示されるもう一方の力と最も緊密な類比関係にある」[5]。成長はそれゆえ「継起的な繁殖」、果実の形成は「同時的な繁殖」にほかならない。花はそのとき「そのすべての部分において収縮している植物にほかならない。その「長さと幅の次元はいわば止揚されている。すべての器官は最高に集中した状態にあり、相互に密着している」[6]のである。花は植物とメタモルフォーゼの同一性のアレゴリーであるばかりではない。花はまた、なにより、植物や植物的存在の絶対的凝縮でもあるのだ。

こうした考えはゲーテよりもずっと前に、リンネの高弟のひとりによって、つまりジャン゠ジャック・ルソーにそれを伝えたニールス・エリクソン・ダールベルクによって提唱されていたのであった。

4 ゲーテ「植物のメタモルフォーゼ試論」（前掲書）の第一八章（第一一三節）に見られる言葉（邦訳では一九七頁）。
5 同上。
6 同上、第一一四節に見られる言葉（邦訳では一九八頁）。

ダールベルクによれば、植物は昆虫と同じ種類のメタモルフォーゼのもとにある。ところで「昆虫のメタモルフォーゼは甲冑の除去に存するが、これによって昆虫は完全な剝き出しの形態のもとでその姿を現すことができる」。これと絶対的に同じ何かが植物に生じている。というのも「植物の皮層は昆虫の外骨格と同じ機能を果たしている。ひとたび外骨格が捨てられたなら、昆虫は剝き出しのままとなる。これは、花をつけ、そこから萼が出てくる皮層を開いて脱ぎ去るとき、植物に起こることでもある。というのも、内部にある植物、つまり花がはじけるように開き、それと同時にその花冠が光り輝き、葯《やく》の花粉によって柱頭が受粉するのである」。ヤン・スワンメルダムの研究に依拠しつつ、ダールベルクは「昆虫のメタモルフォーゼは、オウィディウスが思い描いたのとは異なり、真の実体変化なのではなく、たんなる殻の除去である」ことを認める。じっさいスワンメルダムは、すでに見たように、オオモンシロチョウの幼虫がまだ地中にいるとき、「翅とチョウ全体が外骨格の下に隠されている」のを見せてくれると主張していた。ダールベルクはそこから、植物のメタモルフォーゼは「部分が剝き出しになること」にすぎないと結論した。「花々をよく眺めるなら、それらが剝き出しになった植物にすぎないことがわかるだろう。そして幹から花々までの物質を観察するなら、後者は幹と同一であり、部分が剝き出しになったものにすぎないことを理解するだろう」。花とは剝き出しになった植物であり、その最も純粋な発現である。

ゲーテはこの「論証すべきたいへん興味深い対比」、つまり「植物のメタモルフォーゼと比較された昆虫のメタモルフォーゼの対比」[7]を考えることでダールベルクを訂正することになるだろう。引き算による植物的身体の単純化として花を考えるのではない。その反対に、花とは植物的生がとる全形態の複雑化、それら形態がともに同時に現れていることである。花のメタモルフォーゼと昆虫のメタモルフォーゼをじっさいに比較するなら、こう指摘せざるをえない。「植物においてはさまざまな継起的状態が同じ存在のうちに同時に存在しているのが観察される。花が開くとき、茎や根は相変わらず存在している。受粉が成し遂げられるその一方で、その前から存在していた補助的器官は相変わらず生命と力に満ちている。〔…〕昆虫においては、事態はまったく異なっている。昆虫はみずからが据えたさまざまな覆いを次から次へと捨ててゆくのであり、そして明白に新しい存在はその最後の覆いを逃れている。継起的段階はそれぞれ他の段階から切り離されており、後戻りは不可能である」。

あらゆる花は植物的個体の歴史の瞬間的反復である。つまり、その個体の過去の表現であり、しかしまた、なにより、その未来の先取りでもある。昆虫がかつて経験したことのない広がりと力強さでもってメタモルフォーゼは表現されるのだ。生きものそれ自体が一つの絶対的な繭となるように見える。

7　ゲーテ「植物のメタモルフォーゼ試論」には該当箇所を見つけられなかった。次の引用文も同様。〔追記〕初版刊行後、山中慎太郎氏のご教示により、当該箇所は「比較解剖学総序論の第一草案」の第三章からの引用であることがわかった（『ゲーテ形態学論集・動物篇』木村直司編訳、ちくま学芸文庫、二〇〇九年、一五五、一五七頁）。記して感謝したい。

世界の繭

繭は技術のパラダイムであるばかりではなく、端的にいって世界内存在のパラダイムでもある。昆虫——繭の巨匠、変態《トランスフォーメーション》の偉大なデミウルゴス——はわたしたちの目を逃れてきた。わたしたちはこう信じ込まされてきたのだ。繭とは、特定の個体の生において用いられる、その種に固有の、不完全な、儚い道具なのだと。むしろ反対に、繭はあらゆる生きものの超越論的形態とみなされねばならない。生きものが自身と結びつくところであれば、あるいはさまざまな生きものが惑星と結びつくところであれば、繭はどこにでも存在する。あらゆる自我は一つの繭である。

繭とは第一に、そしてなによりもまず、わたしたちの生が一つの解剖学的同一性にのみ割り当てられるなどありえないことのまったき証拠である。生は繭において一見したところ両立不可能な二つの身体、二つの相貌、二つの同一性のあいだに位置づけられる。繭とは、これら同一性の両立可能性の構築である。それは、さまざまな相貌や身体を締め出すのではなく増殖させることで個体が生きているということの証拠なのだ。

繭はまた、わたしたちの生が一つの環境、一つのニッチ、一つの世界にのみ割り当てられることなどけっしてありえないという証拠でもある。しかじかの環境、しかじかの世界に適応しているからではなく、つねにそれ自身にとっての世界であるがゆえに、生は種に固有の世界には還元されえない。繭とは、生がその世界全体を構成している証拠である。つまり、家と世界のあいだには差異がない——世界がわたしたちの家であるということではない——ことの証拠である。ただしそう言えるのは、そこにおいて生がみずからを展開し、そしてまさにそれゆえにつねにそれ自身を生きているような空間を、生が絶え間なく変態させているという意味においてである。

繭とは、一つの環境、一つの世界が、ただ幾何学が適用されるにとどまらず、幾何学と形態が一から再発明されるような実験室であることの、生きた実演《デモンストレーション》である。

繭は自己意識の形態にしてパラダイムである。生きものが各自みずからと結んでいる関係は、それゆえもはや再認識に属するものではない。自己意識はもはや、生きものがそこに見出され、みずからの相貌を再認識し、自分自身と合致するような場ではない。それはわたしたちの各々が、みずからを決定的に変態させ、それまで生きてきた世界とは完全に異なる世界へと移動させるさまざまな力に服従する空間なのである。さまざまな考えや意見、感覚——それらが外から来るのか、あるいはわたしたち自身の身体から来るのかはさほど重要ではない——は、わたしたちを変態させる力である。すなわち、わたしたちの幼虫の身体から突如として現れる翅であり、わたしたちがもはや歩き回ることのできない世界、飛翔によってしか知覚することのできない世界の仲介者である。

繭とは、メタモルフォーゼがなによりもまず、わたしたちが自分自身と結ぶ関係であるという証拠である。そしてそれは個体の水準に限らない。わたしたちの個別的形態、人間存在、チョウやサル、バクテリアやウチワサボテンの実、シャコやコナラという存在は、一つの繭である。これがダーウィン進化論の最も根本的な意味なのだ。生のあらゆる形態は一つの繭である。それはつまり、その結果が未来においてのみ見られるようなメタモルフォーゼの連続した懐胎なのである。

それは一つの繭である。それぞれの種が新たな形態を作り出すにあたっては他のいかなる種の助けも要請しないからだ。種はそれ自身に閉じこもり、みずからの歴史を廃墟と化し、そしてみずからの身体、みずからの遺伝子の破壊と再構築を、みずからが所有するものでコラージュやブリコラージュを作りながらおこなうのである。

それは一つの繭である。なぜなら、繭が生み出すことになる形態はけっして回心でも革命でもありえないからだ。それに先立つ形態はまったく消去されず廃棄されない。

それぞれの種がみずからの形態に完全に満足しているようには見えない。それぞれの種は自身の同一性から抜け出し、それを脱ぎ捨て、そこから別の同一性を構築しなければならない。しかしながら、それぞれの種がそれに先立つさまざまな形態を捨て去ることはけっしてできないように思われる。

地球上でさまざまな種が織りなす生は、一つの絶え間ないメタモルフォーゼである。メタモルフォーゼは種どうしを分離し分断する境界線である。これが意味するのは、わたしたちが生のさまざまな形態と結ぶ関係がつねにメタモルフォーゼ的であるということだ。つまり、わたしたちは他のものに生成変化することができるだろうし、そうすることができたはずだ。メタモルフォーゼとは、すべての生きものを結びつけると同時に分断する類縁関係なのである。

こうした種をまたいだメタモルフォーゼを生きるために、わたしたちは性交や遺伝的変異を必要としない。わたしたちは日々このメタモルフォーゼを体験しているのである。一日のあいだに何度も。食事を取るたび、わたしたちは動物になる。このことが意味しているのは、わたしたちにとって生きることは、他の生きものの身体を摂取しなければならないという行為と重なり合っているということだ。わたしたちのために生きることは、他なるものの生、他なるものの身体を、わたしたちの身体や生へと消化吸収する務めと重なり合っている。

生きものを——植物であれ動物であれ——摂取するたび、わたしたちはメタモルフォーゼの場であると同時に主体であり対象でもある。食事を取るたび、わたしたちはみずからを、そこでは生の別の形態（若鶏やイカ、ブタ、リンゴ、アスパラガス、キノコ）が人間の形態になるような繭へと変態させている。食事を取るたび、わたしたちはみずからを、そこでは人間という存在が、ウシや桃、タラ、ケッパー、アーモンドの肉と生になるような繭へと変態させている。

さまざまな繭であることを体験するためにわたしたちは食事すら必要としない。生きることを始めれば十分である。地上に存在しているあらゆるもの、目にうつるあらゆるものが、ガイアという身体のメタモルフォーゼ、その肉をテーマとした変奏、その息吹の錬金術的な変化であるということは、あまりに頻繁に忘れられている。わたしたちは地球の石のメタモルフォーゼ、その生きた変奏である。あらゆるものが地球に由来する——それは価値を欠いた、ニヒリズムやキリスト教における意味ででではない。なぜなら地球とはその内部で全形態が生み出される巨大な繭だからだ。そしてその逆に、わたしたちが生と呼んでいるものは、どんな形態のもとであれ、ガイアが新たな在り方を発明する繭でしかない。

地球こそが（そして地球は太陽から逃れた物質にすぎないのだから、それゆえ宇宙こそが）、それ自身の物質から新たな在り方をわたしたちにおいて発明するのである。

この観点からすれば、これまでわたしたちはそれぞれ、藺である限りで、あらゆるものを貫いてきた。わたしたちはそれぞれ、これからあらゆるものを通過するだろう。わたしたちは同じ一つの世界にして同じ一つの実体である。わたしたちの自己意識や記憶にあいた穴は、こうしたものでしかない。すなわち、わたしたちの精神における他の「自我」の出現である。

メタモルフォーゼとは、ただ一つの実体だけが存在するという証拠であると同時に、わたしたちをその実体や、そのすべての部分と結びつけている傷跡（つまり、わたしたちを他のものの身体──わたしたちがそのメタモルフォーゼである母や父の身体──に結びつける誕生や、性交、食事等々）でもあり、そしてこの共通の実体を織り成し、作り上げ、分泌するというプロセスでもある。〔共通の実体といっても〕それは土壌や基体、地《じ》ではない。それはなによりもまず未来であり、偏在する可能性であり、潜在的な実在性なのである。そしてあらゆるものがそこに至る。とりわけ、死が。問題はつねに、わずかばかりのあいだ、ほんのわずかばかりのあいだ、自分自身であり続けるにはどうしたらよいのか、そこで自壊しないにはどうしたらよいのかを知るということである。

世界とは、さまざまな藺から作られた一つの藺である。

藺はいたるところにある。生きている細胞のそれぞれが一つの藺である。個体のそれぞれが一つの藺である。わたしたちのそれぞれが、そこにおいて世界が新たな相貌を探し発見する空間なのだ。藺はいたるところにある。環境のそれぞれが一つの藺である。種のそれぞれが一つの藺である。生の形態とは、相貌のない未来による不断の浸食作用へと現在を曝している絶え間ないメタモルフォーゼの場なのだ。繭はいたるところにある。大気はこの惑星で最も大きな繭にあたる。そして地球はその全体性において、あらゆる主体がみずからの潜勢力で満足するのを妨げるような巨大な繭にほかならない。

繭はいたるところにある。繭は回心や革命への呼びかけを待ちはしない。わたしたちのそれぞれに、そしてわたしたちを取り囲んでいるものに、すでに幾度となく解剖学的構造を変えるよう強いてきた未来が、つまり認識することも述語となることも不可能な未来が、繭の内部では絶えず作られている。

わたしはその一部となるような夢をよく見た。わたしの周りには、白く、なめらかな糸だけがある。こんな夢をよく見た。抗議する必要はない。誰かに反発して成長する必要はない。腐敗する必要はさらさらない。皮膚を変えるので十分だ。ただ相貌を変える。身体を変える。別のものになる。こんな夢をよく見た。異なる世界を理解する必要はない。世界を変革させる必要はない。わたしたちが知っていることとは無縁の世界のうちで目覚め、生きる。

この夢はわたしたちの惑星の生である。この夢は生の歴史である。

Ⅲ　再受肉

食事とメタモルフォーゼ

わたしたちの大部分にとって、食事の機会は少なくとも一日に三回あるが、それに言及することはほとんどない。食べるのが植物なのか、動物なのか、キノコなのかはほとんど重要ではない。日々、他の生きものの身体を自分に文字通り受肉させるために、わたしたちは席について自分の口と手を使う習慣を持っている。他の生きものの生や骨、肉を食べて、自分の生や骨、肉へと変様させる習慣である。生理学的な必要よりは、はるかに錬金術的な秘儀に類似したこの奇妙な作業を、わたしたちは栄養補給と呼んでいる。大抵の場合、わたしたちはこの作業のうちに何か面倒で取るに足らないものを、つまり、可及的速やかに満たすべき生物的な欲求を見てしまいがちである。そして大抵の場合、わたしたちはそこで働いているものを隠そうとして、他者——わたしたちとは異なる何か——の生を食べるという経験を、抽象的な風味や香りや色彩からなる高等な美的経験にする。わたしたちは皿の上で、もはや一頭の仔羊や一玉のトマト、一粒のイチゴと出会うのではなく、味や色、食感といった抽象的な質と出会うのである。つまり、酸味、タンニンの強さ、甘味、塩味、粘度、硬さ、黄、緑、茶、赤といった観念である。

わたしたちがテーブルにつくとき、サンドウィッチを食べたりワインを飲むとき、レストランへ行ったりワインのテイスティングをするときにいつも現れる、具体的な質をはぎ取ろうとするこの欲望は、たんに物質を高貴なものにすることを欲する症状でも、自分たちの精神性の記号でもない。それはとりわけ、わたしたちが食料に関わる際に強い罪悪感を抱くこと、真にそこで起きていることを理解する能力がわたしたちに欠如していることに結びついている。この罪悪感という深い感情は、菜食主義にかんする議論に表れている。わたしたちの生が他の生きものたちの死を含意していることに罪悪感を抱くあまり、わたしたちは苦しむ生きもの（動物）と苦しまない生きもの（植物）とのあいだに恣意的な境界、人工的な分割線を引きたがる。普通で平凡で日常的だが、同時に奇跡的で理解不能なこの行為に罪悪感を抱くあまり、わたしたちは通常、この行為を熱力学モデルにしたがって展開されるたんなるエネルギー交換に単純化してしまう。それゆえわたしたちは、たとえば、食事にかんする並はずれて奇妙な事実を少なくとも二つは忘却している。

第一の事実は次のようなものだ。動物である限り、つまり従属栄養生物である限り、わたしたちにとって食べることはつねに、他の生きものに出会うこと、他者の生によって生きるよう強いられていることを意味する。生は生によって養われている。一つの生はけっして自給自足しない。一つの生はたんにより多くのエネルギーを必要とするというのではない（もしそうならばコンセントに自分を差し込めば十分であることになろう）。生は、活動している別の形態の生、他者が打ち立てた生を自らに吹き込む必要がある。食べることが意味するのは、物質を自分の身体へ注入すること、成分とエネルギーを飲み込むことではない。食べることは、他者の生を自分の身体に注入することを意味している。

その他者が死んでいるか、焼かれているか、燻されているか、干されているかはほとんど重要でない。わたしたちが食べるのはつねに生のみである。食べることは二つの生をただ一つに融合させることである。

わたしたちは誤って、この必要性に否定性と死の証を見る。食べるという行為のなかにある種の犠牲と暴力のみを見るのはよくない。それは半分しか正しくない。たしかに、二つの生きもののうちの一方は消えてしまうように見える。しかし、食事という行為をたんなるエネルギー交換へと単純化するときいつも、わたしたちが見ても考えてもいないのは、それぞれの生ける身体が持っている、自分自身のみならず他の生きものへも生を与える能力だ。ニワトリ、ウシ、トマト、ジャガイモ、大麦の粒はたんにそれらの身体という限界に閉じ込められた生の形態ではない。それらはひとたび他者の身体に入れば、自分の生を変様させる能力を持つ身体である。

言葉を換えれば、生きものに命を与える生には、個体や種に関わるようなところがない。生は生きものの身体に留まりうるが、出ていくこともできるし、限りなく多様な他の種に属する個体を養うこともできる。この事実にはきわめて不可解なことがある。わたしたちがみな絶対的に個人的で固有のものと考えるような生は、じつのところ、本質的に匿名的かつ普遍的で、どんな種類の生ける身体にも命を与えることができるのである。ある意味、栄養を補給する行為はどれも、自分が食べているものと本質的に同一な生をわたしたちが有しているということを示している。わたしたちが死ぬときにはかならずや他の生きもののご馳走となるであろうという事実によって、このことは明らかとなる。

次のことに気づくとき、わたしたちは困惑すると同時に驚かされる。すなわち、生はわたしたちが食べるものの最も秘められた奥底に横たわっており、わたしたちを生み出すことができるのである。この生は、わたしたちのなかにある生とまったく同じ生である。栄養補給とはなによりまずこうしたものなのだ。すなわち、わたしたちを生気づけることと食べられた身体を生気づけることを同時に、かつ同じ権利でもっておこなうこの同一の生について熟視することであり、至るところで――わたしたちにおいて、また、わたしたちの外で――生きることのできるこの生を熟視することである。わたしたちの身体、ガチョウ、ニワトリ、リンゴ、キウイはそのどれもが生の変異であり、未規定の生なのである。

食事とは生をその最も恐ろしい普遍性において熟視することである。すべてを消化し、吸収し、すべてを支持し、破壊する生は、それを受け入れる形態に満足することはけっしてないように思われる。つまり限界がないように見える。未規定で雑食性である生は、あらゆる変化の可能性をまったく捨ててしまうことにためらいを示している。柔軟で煮え切らない生は、あらゆる未来の形態――ニワトリが人間になり、人間がミミズになり、ミミズがハトになる、等々――を捨ててしまうことができない。真のループなどない。生は身体から身体、種から種へと移動し、そのときの自分の形態に完全に満足することはけっしてない。食べるとはこうしたことにほかならない。すなわち、ただ一つの生、あらゆる生きものに共通で、身体のあいだや種のあいだを循環することのできる生しか存在しないという証である。それはつまり、自然、種、人格といういかなる障壁をもってしても、唯一の形態、唯一の種、唯一の身体のなかに永遠に留まるよう生に強いることはできないという証である。

この循環は幼虫がメタモルフォーゼする経験に似ていると同時に反している。どの蝶の幼虫であるか判別できなくても、同じ生は二つの異なる身体、二つの自己において広がっていくのである。

この観点から言えば、わたしたちが死と呼んでいるものはメタモルフォーゼの閾でしかない。どの生きものも、生が異なる何かを作り上げるための繭である。どの生者にとっても死は別の個体が栄養を補給する過程の一瞬間、一側面にすぎないという事実は、自然において何ものも死なず、すべては変様を被るということを示している。共通の同じ生は変様を被り、個体から個体へと循環していく。わたしたちが生きものを摂取するたびに、それが植物であれ動物であれ、わたしたちはまさしくメタモルフォーゼの場であると同時に主体であり対象でもある。わたしたちは食べるたびにみずからを繭へと、つまりその中心で別の形態の生（ニワトリ、シチメンチョウ、ブタ、リンゴ、アスパラガス、イカ）が人間の形態となるような繭へと変様させる。わたしたちは食べるたび、その中心で人間がウシ、モモ、タラ、ケッパー、アーモンドの肉と生を食べるような繭へとみずからを変様させるのだ。

第二の側面はきわめて神秘的なのだが、栄養補給というこの平凡で明白な行為の下に隠されている。この行為は、自然においてほとんど例外なく、さまざまな種に属するさまざまな個体に関係する。栄養補給とはつねに多種的《マルチスペシフィック》な出会いである。まさしくただ一つの——個人的で種的な——形態に包含されることがけっしてないからこそ、生は定期的に自分の相貌を変え、自分の生を変えなければならない。栄養補給の行為において、あらゆる種は互いに出会い、また出会わなければならない。食べることは世界内で最も普遍的で多種的な出会いである。さまざまな種は（その種の系譜学的な紐帯によってではなくむしろ）相互に食べあうことで、同じ肉からなる一つの世界、統一的で相互依存的なものを生み出す。このようにさまざまな種が一つの普遍的な共同体を構成するのは、食べること（言い換えれば、自分たち固有の境界を侵犯すること）によってなのである。種のあいだの本性や習慣や生の形態の違いを超えた、さまざまな共同体の共同性である。

繰り返せば、栄養補給はたんに否定的な状態（生き延びる可能性を作り出すための栄養や能力が欠けていること）の帰結だとみなされることはできず、別の種を経由することで他者に出会い、別のものになる必然性を表している。栄養補給のゆえに、自己自身との関係はすべて政治的な関係になる。生に留まるためには、自分自身の身体の境界を越え、別の種に属する誰かにその同じ境界を越えさせなければならない。この意味では、栄養補給という行為は、世界内に存在するあらゆる個体とあらゆる種を、境界線を越えたところで取りまとめている。栄養補給は個体や種の傷つきやすさの証をなすどころか、ありうる最もラディカルな政治的行為をしるしづけている。この行為においてこそ、諸境界線の本性や形態、存在――その最も生物学的で形而上学的な現実性における――が問い質されると同時にまとめて再調整されるのである。

食事はそれゆえ、種をまたいだ《インタースペシフィック》あらゆる関係の超越論的な形相および質料である限り、同職組合やたんなる共棲のそれよりもずっと広く、根源的で、ラディカルな意義を有している。ダーウィン以降、生物を扱う科学は、あらゆる生きもののあいだに（間接的であれ直接的であれ）遺伝的関係が存在することを認めている。生きものには共通の起源が存在する。生殖はあらゆる種が相互関係を組織する場であり、そしてまさしくこの相互接続からこそ生が生み出され、発明されるのである。しかし、個体と種のあいだの系統的関係――個体はこれによって家庭内の配置に固定される――は食事において絶えず解体される。食事はもはや生物学的否定性の帰結とみなされるべきではなく、各個体に向けられる自然的誘因、つまり、家を替えさせ、身体から身体へ、場所から場所へ、肉から肉へと移住させ、転生させようとする誘因とみなされねばならない。ガイアの政治とは、すべての生きものに共通の肉をこのように日々築き上げることにほかならない。それはそれぞれの生きものが用いるけれども、場から場へのみならず、身体から身体へ、個体から個体へ、種から種へと循環する共通の肉である。

この政治は、古代のヨーロッパやアジアの宗教的言語では転生や輪廻、再受肉と呼ばれたものであり、根本的に家と対立するものであるが、それは二つの意味においてである。第一に、この政治がゆえに、空間へのたんなる関係として生を理解することはできない。世界はわたしたちの居住の場ではない。世界とは、わたしたちの過去および未来の肉の貯蔵所、つまりわたしたちが人間になる前に有していたさまざまな生と同一性のアーカイブにして仮想カタログであり、今日のわたしたちそのものである。第二に、わたしたちと自分自身との関係は居住ではないし、そうでありえないし、そうなることはけっしてない。わたしたちが食事をすることを、そして他の種の身体を食べることを強いられているという事実は、生きものが他者たちとともに（あるいはその隣に）共棲している状態に留まることができないということを意味している。いかなる種も自分自身の身体に住みついている状態に留まることはできない。いかなる種も他者の肉という家に帰り、そこを占拠し、自分と統合し、他者の身体、他の種の肉となることを強いられている。わたしたちがなすこととは移住し、転生し、あるいは反対に（わたしたちが他者たちに食べられる場合には）他の個体と種の家となることにほかならない。わたしたちは自宅に、家に、自分たちだけで留まることはけっしてできない。わたしたちは他者の身体を彼らの家とみなすことはけっしてできない。わたしたちは移動し、家を替え、身体を替え、反対に他者の身体となり、わたしたちの身体を彼らの家、他者の身体のみならず他の種の家となすことを強いられている。あらゆる生きものの運命は他の種の身体となることにある。それは、少なくとも潜在的には、あらゆる種が生殖を原因として自分の種を裏切り、いかなる形態をも永続的なものとして持たない運命にあったのと同じ意味においてである。栄養補給とは、生きものが空間的のみならず形而上学的にも不安定であることの証である。生きものはそれらそのものに留まることはけっしてなく、進化だけでなく栄養補給の過程によって他の種に移住していく運命にあるのだ。あらゆる食事において生じる再受肉は生きものどうしの関係を準安定状態へと変える。栄養補給とは、生が際限なく加工でき、何にでもなりうることの証であり、生と生きものの身体は家庭や所有の論理に閉ざされることはけっしてありえないことの証である。栄養補給とは物質の無際限な転生にほかならない。わたしたちは何も所有しておらず、とりわけ自分の身体と同一性を持たない。自宅にいる者、とりわけ自分の身体のなかにいる者などけっしていない。これが、食事がわたしたちに教えることである。地球上の誰も家を持っていない。わたしたちは所有物を、つまりその本性や系統においてわたしたちに属するような事物を持っていないだけでなく、すべては絶えず交渉され、作られ、作り直されなければならない。地球上の誰も自分の家にいるように自分の身体において生きてはいないし、自己との関係はけっして自然でも自発的でも、決定的なものでもない。わたしたちは家を替え、他者たちの生と身体とを占拠することをやめない。わたしたちは他者たちの家と身体となることをやめない。完全に自宅にいることができる者などいない。この世界で家のしきたりに従う者などいないのである。

食べられること

メタモルフォーゼの最も不安を抱かせる形態が問題となる。栄養補給が証明しているのは、生きものを――個体や種としての同一性において――かたどる形態を、その形態を貫く生に内在的に刻まれたもの、あるいは実体的で、自立的で、とりわけ本質的なものとみなすことが不可能であるということだ。食事という行為のおかげで、生はある形態から他の形態へと移住するか、反対に、対立する形態を身にまとうことができる。翻って、食事という行為によってあらゆる生は生理学的に多種的《マルチスピーシーズ》で異種間《インタースピーシーズ》の本性を示している。ある種から他の種へ、ある形態から他の形態へと移行する必要性、生の複数の形態から構成されている必要性としての本性である。栄養補給はまた、あらゆる種がただ一つの同じ生を打ち立てる（というのも、栄養補給をすることとは生の二つの形態のあいだに生理学的な等価法則を見出すことを意味するから）と同時にこの同じ生を絶えず差異化させる（というのも、食べることはある形態を他の形態へと変化させることを意味するから）ことを可能にするような永遠の運動の証拠でありリアリティである。この日常的行為の反復は、メタモルフォーゼなき生などこの惑星上に存在しないこと、そしてメタモルフォーゼはあらゆる生きものの最も基礎的な新陳代謝であって、生物学の収集室に入れられるような世にも珍しい出来事ではないことをわたしたちによく思い出させてくれる。

食事——言い換えればメタモルフォーゼのうちで最も平凡で、繰り返しおこなわれる形態——はまた、死を生の対立項として考えることができない証拠でもある。食事とは、あらゆるものに共通の生が、ある形態から他の形態へと移行することである。死はけっして生を中断することができないが、ひとえに生の存在様態を変化させる。「死骸」は他の生きものの生であり食事である。あらゆる死は、それ以外の相貌の下で生が続行されているということである。生は他方で、それに先行する生の再受肉というかたちでつねに作り上げられる。身体が描く存在論的境界は、身体に命を与えるもののそれではなく、その一時的な発現のそれにすぎない。

現代の生態学の思想がついにこの種の結論へ至ったのは、栄養補給をめぐる省察からである。その最もラディカルな結論は、前世紀の最も特異な思想家のひとり、ヴァル・プラムウッドによるものである。彼女の思考は、オーストラリアのカカドゥ国立公園のサウス・アリゲーター川でカヌーに乗っているときに体験した事故を出発点としている。プラムウッドが語るには、クロコダイルに攻撃された際、死を前にして恐怖の感情に襲われることはなかった。反対に、ある非現実的な印象にとらわれたのである。つまり、そのとき起こりつつあったことが真ではないという印象である。「それは幻想だった！　正しくないばかりか非現実的だった」。われわれが抱く世界のイメージは「完全に異質でほとんど思考不能な、他の動物の糧となるという屈辱的な経験」を予期していない。それは人間が「サメ、ライオン、トラ、クマ、クロコダイルにとっての」糧、「カラス、ヘビ、ハゲワシ、ブタ、ネズミ、オオトカゲにとっての糧、多くの種類の小動物と微生物にとっての糧」になることができない世界なのだ。プラムウッドは信じられないという感情のみならず、とりわけ道徳的な憤りを感じた。「私を糧に帰すことができると考えて、生物はルールを破り、まったく完璧に間違いを犯していた。人間として、わたしはまさしく糧に勝るものであった。それはわたしであったあらゆるものの否認であり侮辱であった」。彼女の説明によれば、その信じられなさは実存的なだけではなく倫理的でもあったのだ。

彼女は研究人生の大部分を、この幻惑的で屈辱的な感情の原因を理解するために捧げた。それは「生態学的に受肉した存在はすべて、他の存在の糧として存在している」という、身体的な小ささから逃れえぬ証拠に直面したときの感情である。したがって問いは次のようになる。「なぜ糧であるということがここまでショックだったのだろうか。問題となるのはいかなるタイプのショックだろうか」。言葉を換えれば、わたしたちがダーウィンから何かを学んだとしても、「糧であることがわたしたちに厳しく突き付けるのは、受肉というリアリティであり、糧として、肉として、自分が食べるものとの血縁関係として、動物の秩序にわたしたちが包摂されているということであり、わたしたちがある種の観客、つまり肉を持たず他者たちの祝祭を撮影する目としてのみならず、〔肉としても〕この祝祭に参加しているということである」のはなぜか。他の動物たちにとって「わたしたちは祝祭〔の肉〕である」という意識が「屈辱的でとても混乱する経験」として表れるのはなぜか。

プラムウッドが推測するには、わたしたちが経験する生態学的危機は「食物連鎖における同等性と相互性」を認めるに至った場合にのみ乗り越えることができる。彼女は次のように書いている。「あらゆる生きた動物は糧であり、糧以上のものである」、そして「自分たちを他者たちの糧と考えることは」生を「循環として、祖先の共同体の贈り物として」考え、死を「起源となる祖先の生態学的な共同体にまで連なるリサイクルあるいは流れとして」考えるための「最も基本的な方法である」。

この方法を実行するためには、わたしたちが自分の身の周りにあるあらゆるものと根本的に異なると考えさせてきた神話から解き放たれなければならない。わたしたちの生が他のあらゆる身体を横断する生と同じであると認めることの拒否は、理論的な水準にのみあるのではない。わたしたちが「他の動物とは異なり、他の動物より優れて」いて、「精神的な質料によって」構成されているという主張は、全大型捕食動物の実質的な絶滅を引き起こし、捕食を「わたしたちが他者、つまり劣ったものたちに対してすることであり、わたしたちがけっして被ることのないもの」へと変えてしまうようわたしたちを駆り立てるだけではない。そのように拒否することによって、わたしたちはとりわけ自分たちが〔他の動物たちのなかで〕優越しており、〔食物連鎖から離れた〕語り手となりうるという幻想を際限なく繰り返してしまう。

こうして、堅い棺のなかへ埋葬するという選択には、「(少なくとも十分に裕福な) 西洋人の身体が他の種の糧になること」を妨げようとする欲求を見て取ることができる。火葬でさえ、わたしたちの身体が触れられないものであり続けるという幻想をもたらすように思われるが、それでいてこの場合でも身体は他者の——まずわたしたちの身体から放出されるすべての炭素を閉じ込める木々の——糧となるであろう。わたしたちは他の生きものになるよりほかはないのである。

死はこうして、あらゆる地球上の存在が前提とする相互的な循環からわたしたちを抜き出すための口実となる。まるで死んでしまってもなお、わたしたちは自分たちが人間であることによって、肉と他の生きものの生のメタモルフォーゼにほかならないという事実を、つまり他の生の形態へと間違いなくメタモルフォーゼする運命にあるという事実を自分から切り離そうと要求しているかのようだ。「用心深く身を護り、離れた場所にいて、自分たちを食用として概念化することさえも拒み、わたしたちに糧を与えるミミズと地球に対してお返しに何かを与えることにさえ抵抗する」という文化的な意志が世に蔓延っているのである。

自己の転生と再受肉

わたしたちがとりわけ死について考え、自分を死へと帰す仕方において、こうした抵抗が見られるとしても、それは偶然ではない。死を扱い、死を想像するとき、わたしたちは独善的に、自分の身体の生気が果てるその境が生の境界に相当すると考える。したがって、わたしたちが〔埋葬において〕死体を他の生きものから物理的かつ象徴的に切り離すことは、一つの象徴的なしるしなのであって、自分の身体に命を与える生が別の身体へ移行し、他所へ移住し、形態を変えるよう強いられているということはこのしるしによって抑圧され忘却されうる。だからこそ、これまで二〇世紀のあいだヨーロッパで主流であった宗教の基盤をなす神話の一つ――死者復活の神話――は、一方では人間を横切る生とその他の生きものに命を与える生が、実体において非連続であるとはっきり主張しようとしているにもかかわらず、他方では各人の生は人格において非連続であると主張しようともしている。かくも多様な人間の身体は生を実体的に分割する。身体の数だけ生が存在するのだ。その反面、人間の身体性は他の生きものの身体性とラディカルに異なっている――それは他の生きものにない認識能力を有しているからというだけではない。人間の肉は他の生きものの肉と同じ質を持たないのである。

復活の神話はじっさい、さらにずっと古い再受肉の神話の変様《トランスフォルマシオン》――レヴィ＝ストロースがこの語に与えた意味での、したがって弁証法的な変容、メタモルフォーゼという意味でのそれ――として発展している。この再受肉の神話はその数世紀も前から地中海空間で流通していたのである。この神話において、あらゆる生は自分を住まわせる身体という境界を乗り越え、身体から身体へと移動していく。オウィディウスは次のように説明する。「誰も自分の形態を保持せず、自然はある者に対し他のかたちを与える」が、それは「大きな世界のなかでは何も滅びず［…］、すべては変わり、相貌を変える。以前と異なるものであり始めることを生まれることと呼び、反対を死ぬことと呼ぶ」[1]。こうした変様の連鎖はあらゆる生きものと惑星全体を含む。「天とその下にあるものはかたちを変え、地とその上にあるものもそうである。世界の部分であるわたしたちもまた、変様する。なぜなら、わたしたちはたんに身体であるのみならず空を舞う霊魂でもあり、野生の獣をわたしたちの住処にすることも、家畜の身体に潜むこともできるのである」[2]。したがって生と身体性には本質的な関係が存在し、この関係によってあらゆる個別性は死後、人間か動物かにかかわらず他者の身体をかならず引き受けるのである。生は――主観性と同様に――それを横断する形態によっては規定されないのであって、人間の形態において「わたし」と言う主体は、ネズミもしくはライオンの身体においても――少なくとも限られた仕方でなら――認められうるほどである。

オウィディウスがふたたび次のように想起させる。精神、息吹は「ある場から別の場へ、その別の場から元の場所へと彷徨い、望んだ身体を占領する」。「それは獣から人間へ、わたしたち人間から獣へと渡ってゆき、いつまでも滅びることはない。わたしがあなたに説くのは、柔らかな蜜蠟は新たなかたちとなって元のまま留まらず、同じ形態を保たないけれども同じ蜜蠟であるごとく、霊魂はつねに同じでありながら、異なる形態へと移り住むということだ」[3]。

キリストの復活は、プラトンの書物のなかにも見られる神話が変様したものである。この復活が約束するのはただ一つの再受肉であり、際限なく連なるそれではない。しかし後者の〔古い神話における連続的な〕再受肉はもっぱら一人の身体において起こるだけでなく、わたしたちがかつて占領していた身体においても起こる。したがって主観性は人間性のみならず、とりわけ、個人的・人格的な身体性とも本質的に関係している。このことによって、当初から身体の復活をめぐる議論には、栄養補給に関わるあらゆる「偶有性」を超えた同一性や永続性についての問いが組み込まれていたのである。身体が獣やミミズに貪られた場合でも、人格的な肉は甦るだろう。したがって復活の神話とは、わたしたちの生の人間的かつ人格的な特徴についての、そしてわたしたちの肉と他の生きものの肉とのあいだの存在論的な切り離しについての、最もラディカルで筋の通った教義なのだ。

こうして、死の神聖化と絶対化はこのような目的でなされる。わたしたちが死を絶対的な出来事とみなすのは、わたしたちが自分の人格性と純粋に人間的な本性を物神《フェティッシュ》――絶対的な信仰の対象――とするからにほかならないのである。わたしたちの生の終焉は生の終焉ではけっしてない。すべての「死体」は種、形態、存在様態を変える生の変様、メタモルフォーゼである。

1　オウィディウス『変身物語（下）』中村善也訳、岩波文庫、一九八四年、三一一―三一二頁。
2　同上、三二二頁。
3　同上、三〇七―三〇八頁。

自分の身体の死とともに終わるような生、その肉においてもっぱら人格的、人間的な生によって自分たちは命を与えられているのだと主張するたび、わたしたちは（死体においても生は別の形態においてであれまだ存在しているのに）自明の事実《エヴィデンス》から目を背け、人間としての自己には文字通り絶対的な＝切り離された本性があるのだという信仰告白をおこなっている。死後には何もなく、身体に命を与える生は身体が変化するとともに終わるという主張が意味しているのは、わたしたちが人間の身体について作り出したイメージのなかに、生きものの主観性をふたたび書き入れることができるとする信仰告白をおこなうということである。

身体と同じだけ存在する生を数え挙げ、生きものは非連続的であってさまざまな種や個体の形態と完璧に対応していると主張しようとするあらゆる理論に対して、メタモルフォーゼは――わたしたちが分析したすべての形態において――最も強力な反駁である。問題となっているのはさまざまな身体のあいだでの生の連続性の理論であり、自己や生の本性が根源的に多種《マルチスピーシーズ》的で身体横断的であるとする教義なのだ。

現代の生態学理論は、その最も驚くべきテクストにおいてこのことを主張している。前世紀の最も偉大な思想家のひとりであるアルド・レオポルドは、その最も著名な本『野生のうたが聞こえる』に収められたテクストで物語を執筆しているが、それはホメロスの『オデュッセウス』を書き改めたものである。対幅形式《ディプティク》をとるその物語においては、二つの原子の生と、それらの家とみなされるものに帰還する旅とが描かれている。最初のパネルにおいて、仮にXと名づけられた原子は、未開拓で人間の生に影響を受けない風景のなかに生きている。そして「古生代の海が大地を覆っていた頃から石灰層のなかで自分の時が来るのを待ち、けっして過ぎることがないように思えた永遠の時間において岩壁のなかに閉じ込められていた」Xは、シラカシの根が岩のひび割れのなかに前途を見つけて掘り始めた日に解き放たれた。「一世紀という一瞬のうちに」、Xの生は「生きものたちの世界に投げ込まれた」。Xは一連の変様の流れに従って、花、ドングリ、シカ、インディアン、そして次にふたたび土壌、そしてアンドロポゴンの根、等々に受肉し、「その最初の牢獄であった海へと」還るに至る。二枚目のパネルにおいて、原子Yは「〔人間という〕新たな動物が現れ、自分の個人的な考えに役立てるために大草原に秩序を与えるという課題に取り掛かった」瞬間、母なる岩から解き放たれる。この荒廃した風景において、かつてはあたりを巡った原子たちは「今では力なく当惑しつつ、油ぎったヘドロに閉じ込められたまま留まる」。この物語はあらゆる形態の生のなかへと人間が致命的に介入しているを糾弾する以外にも、あらゆる環境学、環境倫理に新たな基盤をもたらしている。原子の視点を採用したことは、修辞的でわざとらしいやり口というわけではない。そのことで、この惑星に住まうあらゆる生がもつ、物質的かつ精神的な（主観的な）絶対的連続性を理解し、示すことができる。わたしたちは存在の相互依存、システム構築能力を肯定するのでは飽き足らない。あらゆる存在はただ一つの同じ生の表現であり、たんに空間において隣接しているのではない連続的な関係にある。非連続性は存在論的な次元のもの（死）ではなく、もっぱら様態や形態の次元にあるものなのだ。XとY——レオポルドの原子たち——は存在様態を変えるが、実体を変えるわけではない。したがって一枚目のポートレイトを締めくくる聖句《ロギオン》は次のように宣言する。「ただひとつ確かなこと」は生きものが「糧を貪り、短い生を果たし、次々と死んでいかなければならない」ということだ、と。[4]

死は、わたしたちが自分の創った神話によって思い込んでいるよりもずっと平凡で日常的な出来事である。短い生を果たし、次々と死んでいかなければならないので、生が選んだ形態の物神崇拝《フェティシズム》へと横滑りするべきではない。形態とは様態であり、実体ではない。このようなアプローチによって、惑星に対する態度を根本的に異なった仕方で基礎づけることができる。というのも、わたしたちを取り巻いているあらゆるものは、わたしたちを横切る生を分かち合っているのだが、それは、わたしたちがこの惑星に居住するあらゆるものと同じ肉体、同じ生に属しているということと同じ度合いであるからであり、さらにとりわけあらゆる風景――それが「自然的」か「人工的」かはほとんど重要でない――がわたしたちの過去と未来の身体を集める露天のアーカイブにほかならないからでもある。わたしたちは地球上のあらゆるものと同じ肉、同じ精神を分かち合っている。

宇宙の物質的な連続性を描くのは容易い。わたしたちの肉が他所に由来していること、その肉がわたしたちの生まれるはるか前からこの惑星に住んでいることを認めるのは造作もない。わたしたちのすべての原子は、わたしたちの生よりも前に多数の生――人間、植物、バクテリア、ウイルス、動物の生――に身体を与えてきたし、今後もけっして終わりえぬダンスのなかで他者にリアリティを与えていくであろう。

反対に、この連続性が精神的で思弁的な次元でも存在しうるという考えはわたしたちを混乱させる。にもかかわらず、こうした自己の転生は、信じられているよりもずっと通俗的で平凡である。この本を通じて、そしてまさにこの瞬間にも、友人に注意深く耳を傾ける際、わたしの自己が他者たちの自己によって占領されているのと同じ具合に、わたしは読者のみなさんのなかで考え、みなさんの精神において「わたし」と言っている。デカルトのわれ思うゆえにわれありという有名な格言を口にするたびに、わたしたちはデカルトの精神を一瞬わたしたちのなかに再受肉させ、わたしたちの声、身体、経験を彼に貸し与えている。デカルトこそが、わたしたちのなかで「わたし」と言い、そしてある意味で、自分が正しいと考えたことに逐一反駁するのである。自己は実体ではないし、人格的構造を持たない。自己とは、ほかならぬこの身体において決定的に採用されうることはけっしてないが、不断に精神に侵入し身体を植民地化する小さな音楽にほかならない。それぞれの観念はまさしくレオポルドの原子のように巡回する自己である。あらゆる自己は他者の精神を乗り物とする。その観念、息吹、過去を。共同性のようなものが可能となるのは、この物理的な転生――あるいは古い神学の専門用語でいえば輪廻――の能力によってでしかない。

4　アルド・レオポルド『野生のうたが聞こえる』新島義昭訳、講談社学術文庫、一九九七年、一六八―一七四頁。

遺伝学と再受肉

身体の一つ一つに関心を寄せるなら、きっと気づくだろう。どの生きものも先行する生の一大リサイクル企業である。わたしたちに住みつくもので新しいものはない。あらゆるものが他の身体、他の場、他の時代からやって来る。生きものたちは絶えず相互に物質、観念、形態を交換し、自分の身体と精神を他者の身体と精神から組み合わせる《ブリコラージュ》。あらゆるものは他の生に属していて、すでに複数の形態において生きられており、ふたたび適応され、ふたたび整備され、変革させられていた。だからこそあらゆる生はすでにさまざまな界、種、個体のみならず、場や時間の境界線をも侵犯している。生きものはみなメタモルフォーゼによってそうしている。変様による、先行するものの反復である。わたしたちのなかで生きるものはどれも、自分の背後に無数の他者たちの生を有しているのだが、それと同じ生を生きたことがない。メタモルフォーゼがこの世界の質料の隅々にまで行き渡らせるリサイクルは、あらゆる形態の循環、あらゆる形態の同一的なものの回帰を妨げる。だからこそむしろ再受肉を語らなければならないのだ。

あらゆる再受肉は先行する生のたんなるコピーではない。再受肉とは、それによって二つの存在が、相互の身体のなかで再受肉することのできる技術である。栄養補給に加え、性交――たとえばゾウリムシにおいてそうであるように、性交が生殖に結びついていないときでさえ――は転生の最も極端な形態であり、あらゆる生きものを他の生きものに共有された肉体となす。自然を終わりなき謝肉祭となす転生という祝祭は、どの生きものに対しても、非嫡出子であること、そして非嫡出子となることを強いる。つまり生きものとは、根本的に、存在論的に不純であり、混淆した何か、自分の最も深い核心に生でない部分――惑星の無機的な肉――を具えている何かである。

しかし、わたしたちの生を限りなく連なる多数の再受肉にするような、さらにいっそう深い何かがある。遺伝子だ。じっさい、わたしたちの身体に形態を与える遺伝子はたんなる情報であるばかりではなく、正真正銘のミクロな作家、コピーライターでもある。ただし、非常に特殊な意味においてであるが。書くときにわたしたち一人一人に生じていることとは反対に、またこのテクストを書くときにわたしに生じていることとは反対に、このミクロな著者は自分が書いたもの、そして書く際の過程そのものと一致する。著者が書くのだが、しかしその書かれたものが物質的にその著者であるのだ。つまり作家の身体によって生み出される著述形態であり、けっしてその身体から離れることはない。それはあたかもわたしが書いたすべての語がわたしの身体へと書き込まれてわたしとともに旅するかのようだ。あるいはむしろ、遺伝子とは、書く行為がみずからの身体の外科手術と一致するような編集者である。遺伝子は止むことなくそれぞれの著作を再発明し変化させており、その著作の意味は自分の身体をもって実現したものと一致する。それは文字通りの意味で創造的な著述形態である。あたかもわたしが書いたそれぞれの語が永遠にわたしの身体を変化させるかのように。発話者と発話とのあいだには差異が存在しないのだから、主体、もたらされた情報、新しさはメタモルフォーゼによってのみ姿を現す。あるいは反対に、遺伝子によって著作は受肉の存在論的過程を作り出す。そのことは少なくとも二、三のことを意味している。

第一に、話すこと、「わたし」と言うこと、書くことはつねに遺伝子の自己複製を意味する。わたしたちが遺伝的構造を有するのは、わたしたち自身についての情報、あるいはわたしたちがその一部である組織体についてのあらゆる情報が、すなわちあらゆる同一性が、複製であり、コピーであり、第二版であるからだ。しかしこの再受肉の連鎖は万華鏡のような仕方で断片化し、多数化する。遺伝子のおかげでわたしたちの同一性の細部はどれも自立的であり、別の細部から切り離され、無数の生と身体のなかへ広まりうるものへと変えられる。現在のわたしたちを作っている最小の要素は、以前はわたしたちの外で、現在それに伴っているあらゆる他の要素と無関係に生きることができていた。そしてこの要素はいずれ、別の個体——かならずしも同じ種に属していなくてもよい——のなかへと無際限に受肉していくことができるであろう。再受肉によって生み出された同一性はいつでも、あらゆる生きものを複数の者たちの同時的な出会いの場にしてしまう伝播であるが、しかしまた、現在の生とはまったく異なる未来の生の約束でもある。

じつのところ、遺伝的な著述——受肉の著述——によってわたしたちは、話すことの意味をよりよく理解することができる。遺伝学には言語的メタファーに従って接近すべきではなく、むしろその逆である。言語は、遺伝子が身体になすことを精神になすのである。語は精神を分割するが、そのように分割された部分は、それらに伴っている、あるいは精神に伴っていたあらゆるものから離れて、どこでも再受肉することができる。あらゆる会話、あらゆる思考の行為は、精神的な同一性の交換であり、人格のモザイク画であり、他所から来てまたどこかへ旅する小さな自己たちである。

種の影

〔『影をなくした男』の主人公〕ペーター・シュレミールは悪魔に自分の影を売ったかどで、永久追放を宣告された。悪魔からの二度目の誘いを断ったあと、ペーターは一そろいのブーツを買うが、それは一歩で七リュー進める〔魔法の〕ブーツであると明らかになる。その後、彼は隠者として世間を離れ、人里離れた場所で余生を自然研究に捧げる。ペーターは実在の著名なおとぎ話作家であるアーデルベルト・フォン・シャミッソーへと手紙を書く。「わたしの『東西全植物史（*Historia stirpium plantarum ustrusque orbis*）』という著作は『世界植物総覧』の長大な一部を反映したもので、私の『自然体系』の部分です。すでに知られた種の数の、控えめに言って三分の一以上を加えたばかりでなく、自然体系と植物の地理学のために少なからず寄与したと信じています」[5]。物語の登場人物である自然学者の淡い願いは、じっさいにはその著者のものと一致している。医学生であり、ベルリン動物博物館の館長かつ共同創立者であるマルティン・ハインリヒ・カール・フォン・リヒテンシュタインの弟子であるシャミッソーは、ドイツ・ロマン主義のもっとも特異で謎めいた人物のひとりである。彼はルイ・シャルル・アデライド・ド・シャミッソー・ド・ボンクールという名でシャンパーニュに生まれ、フランス革命後の一七九二年にフランスを離れてドイツに亡命した。シャミッソーはある日、自分を説明するのに次のように書いている。「わたしはドイツのフランス人でありながらフランスのドイツ人であり、プロテスタント教徒のなかのカトリック教徒でありながらカトリック教徒のなかのプロテスタント教徒であり、信仰者のなかの哲学者でありながら自由思想家のなかの篤信者であり、知識人のなかの社交人でありながら社交界の人々のなかの衒学者であり、貴族主義者のなかのジャコバンでありながら民主主義者のなかの貴族であり、旧体制の人間である、等々。わたしは誰にも属さず、どこにおいてもよそものであり、抱擁したくとも誰もがわたしから逃げてゆく」。

シャミッソーは『ペーター・シュレミールの不思議な物語』によって、人間の生に関わりうる見えないメタモルフォーゼについての最も深い省察の一つをなしたが、地球が宿らせうる最も謎めいたメタモルフォーゼの現象の一つを発見することにもなった。小説を出版した数か月後、一八一五年八月に、医者であり昆虫学者であるヨハン・フリードリヒ・エッシュショルツと画家のルートヴィヒ・コリスとともに、シャミッソーは、サンクト゠ペテルブルクから七月末に出航した船であるリューリク号に、コペンハーゲンで乗船した。道すがら、シャミッソーとエッシュショルツはゼラチン質の身体を有する遠洋性尾索類、サルパに魅了され、重要な発見をした。シャミッソー自身の言葉では、彼が発見したのは「沖合に住むこれらの透明な軟体動物において、ただ一つの同じ種は交代世代において、まったく明白に異なる形態のもとに現れる。自由に遊泳する個体のサルパは、ほとんどポリプの形態で相互に連なった、自らと異なる構造を有する次世代を生む。この群生の個体の集団においてそれぞ

5　シャミッソー『影をなくした男』池内紀訳、岩波文庫、一九八五年、一二一頁。

れが、ふたたび前世代の形態を有した、自由に遊泳する個体の動物を生み出す」。この発見の驚きは大きく、それはシャミッソーが述べるように「イモムシがチョウを生み、今度はチョウがイモムシを生むかのよう」だからだ。旅から帰って、彼は『リンネの分類上無脊椎動物に属するある動物について――サルパ』なる本を出版し、そのなかでこの発見をより詳細に記述した。彼が書くところによれば、サルパは「二つの形態において存在する。なぜなら子の世代はその親と生涯にわたって異なっているが、親に似た世代を生み出しうるからである」。こうした理由で、「それぞれのサルパは母と異なる娘であるが、姉妹と同じく祖母、孫とは同一的である」。第一世代が単生であるのに対し、第二世代がむしろもっと群生的な個体をもたらすという理由でも、二つの世代は異なっている。単生の子孫は動物であり、群生の子孫はむしろ生きている卵の連なりであるとも考えることができよう。シャミッソーが追究したように、より注意深く見れば、サルパは昆虫やカエルのメタモルフォーゼと比べることができる。「このこと〔昆虫やカエルのメタモルフォーゼ〕がさほど一般的でないとすれば、それぞれの個体の生の道のりとは独立の、この一定の形態のメタモルフォーゼ、後に幼虫と成虫として発展する二形態を生み出すメタモルフォーゼは驚くべきものだ。〔それに対してサルパの〕この形態のメタモルフォーゼは連続した二世代におけるメタモルフォーゼにおいて生み出される。そして形態は個体のなかや子孫のなかではなく世代を横切って変化するのである」。たとえば幼虫が成虫と異なるように、世代どうしが異なる理由は、どちらかと言えば知られていない。初めはシャミッソーの発見は（とくにローレンツ・オーケンによって）厳しく批判されたが、予期せず生物学者ミハエル・サーシュによって確かめられた。サーシュはこの「世代間のメタモルフォーゼ」という同じ形態を示すように見える、別の海洋生物を同定するのだ。その最も重要な事例は、平凡な（今日では Aurelia aurita という学名で知られている）ミズクラゲである。そうした事例において「メタモルフォーゼするのは個体ではなく世代である」とサーシュは書いている。とはいえ、その刊行物から、問題となっている現象――「世代交代」――を定義する定式を発見することになるのは、デンマークの生物学者ヨハネス・ヤペトゥス・スミス・ステーンストロップである。ステーンストロップはこれを「ある動物にみられる注目すべき、現在に至るまで説明不可能な現象」として定義する。その動物は「自分の母に一瞬たりとも似ることのない次世代を生み出すが、一方でまたそのさらなる次世代は形態・本性において〔前世代の〕母に戻るような動物である。したがって、母となる動物は、自分と類似した点を我が子のなかではなく、その第二、第三、第四世代の子孫において見出すのである」。ステーンストロップにとって、ある世代は「より高次の完全状態を達成するよう定められた次世代の動物に道を用意する」という役割をもつ。この世代は乳母（*Ammen*）と呼ばれる。この現象を変則的《アノマリー》なものの記録から抽出したのは、ステーンストロップであったのだ。彼はゲーテを引用して「自然は自分の道を辿っており、わたしたちに例外と見えるものは規則のなかにある」と主張しただけでなく、「今まであまりにもそう解釈されがちであったが、〔世代交代を〕もはや逆説的で逸脱的なものとしてではなく、それが現れる現象に即して考えるべきである」ことを示そうと努めた。

一八五三年のロイカートのように世代交代を「複数の世代に振り分けられた一つのメタモルフォーゼ」として解釈した多くの自然学者と違って、ステーンストロップはメタモルフォーゼと世代交代を区別した。そしてイギリスの生物学者オーウェン以降、「連続する諸個体においておこなわれ、ただ一つの生命において達成されることのない変化のサイクルは、「メタモルフォーゼ」よりもむしろ「純正世代交代」と」呼ばれることになる。今日でもまだこの名前の下で、植物における有性半数体段階と無性二倍体の交代を規定する現象が指し示されている。一方で動物の場合は、単為生殖世代と有性生殖世代の交代を指示するために異形配偶子形成という言い方をすることが多い。

けれども、ステーンストロップはこの現象について深遠なる省察をもたらすことができた。彼の述べるところによれば、世代交代が存在するのは、「生殖可能な両性の成体の個体によっても、それらの生育によっても種が十分に現れないからである。その場合それらの個体を補完するような、一つあるいは複数の先行世代の個体が必要になる」。通常、つまりその本性において、種が個体によって、そして生育に固有のメタモルフォーゼによって代表されているなら、その場合には、いわば「完全に種の代表となりうる個別性の欠如」、つまり「種の個別性」の欠如を見ることができる。

ある種がメタモルフォーゼする必要があるのは、個体の形態が種を汲みつくすことがけっしてできないからだ。じつのところ、あらゆる種の生とは、連続し並行する再受肉の長大な歴史である。生は他者たちのなかであらゆる形態を再受肉する必要がある。反対に、わたしたちが横切っている形態はどれも完全に種を表現していないか、過剰に表現している。わたしたちは人間として不足か過剰かなのだ。自分を横切る生と関係する種に対して同じ総括があてはまる。どの種も完全に生の実体を内包し、生の力と個別性とを汲みつくすには至ることはない。ペーター・シュレミールのように、惑星上の生はその影を悪魔に譲り渡し、場から場へ、形態から形態へと旅することを強いられているのである。

Ⅳ　移住

惑星規模の移住

あらゆるメタモルフォーゼの真の主体はわたしたちの惑星である。あらゆる生きものはその身体のリサイクル、先祖以前《アンセストラル》の物質から作り出されたパッチワークにほかならない。惑星が「わたし」と言いうるのはわたしたちのおかげであり、わたしたちのそれぞれにおいてである。惑星の生は巨大で中断不可能なメタモルフォーゼである。わたしたちがそのメタモルフォーゼの力を知覚するのは、なによりもまず、惑星がその住民のそれぞれに課す移住によってである。

わたしたちがバス、車、飛行機、船、あるいは電車に乗っているところを想像しよう。この乗り物はさらに大きく、わたしたちはその形態と境界についてささいな観念すら持ち合わせていない。わたしたちは長らく惑星に住んでいるので、いかに、そしていつ自分たちが乗り込んだのかを忘却し（あたかもずっとここにいるかのように）、なぜこの移動手段を得たのかを忘却してしまっている。ひとたび旅が終わったあとでさえ、わたしたちは目的地を知らないし、忘却してしまっている。

この船は乗客を（クルーズ船のような仕方で）満載しているので、わたしたちは誰が操縦しているか、さらに言えば誰かが制御しているのかどうかさえも分からない。

こうしたことをすっかり想像してみれば、わたしたちは世界内にいることの意味についてのきわめて正確なイメージを持つであろう。世界の第一の特徴は、じっさいには、膨大な質料を持つ巨大な塊であることや、誰もが入れるオープンスペースであることにはない。世界は多数の物と「他なる」主体たちが居住しているということによっては定義されないからである。世界の本質はもはや、知識の対象であるとか対象になるということ、意味と思考とに開かれたものとして主体に対置されるということにはない。

世界は第一に、そしてなによりもまず、一つの惑星、一つの身体=天体《コール》、あるいはむしろ不規則で永続的な運動によって特徴づけられる身体の総体であるということによって定義される。惑星《プラネット》という語は、「彷徨う、道に迷う」を意味するギリシア語、プラナオマイ（planaomai）の語根に由来している。世界はメタモルフォーゼの存在である。その身体のごく限られた周縁的な部分に関係する変様の舞台であるばかりか、メタモルフォーゼそのものとその運動の、原因にして形相にして質料である。誰もが自分のいるところ、自分そのものに留まり続けることができないのは、この惑星的本性が原因である。わたしたちを取り巻くすべてのものを見てみよう。その組成や形態、年齢、固さはほとんど重要ではない。鳥、風、川、それにくわえて建物、匂い、色――すべてがうつろい、変様する。わたしたちが気づかなくとも、すべてはその位置を変えている。こうした変様がわたしたちの目に映らないでいるとしても、すべては形態を変えている。惑星の実在性としての世界は漂流する身体であり、反対に漂流していることはこの世界の、地球としての、星としてのあらゆる身体=天体《コール》の第一の特性である。漂流はたんに空間的運動であるばかりではない。場から場への移動に限定されないのであって、どんな地上の存在であれ、その生の全水準においては、さらにずっと秘められた身体的な運動が働いているのである。性交、栄養補給に加えて、想像、言語、誕生、死はこの運動の形態であり表現である。地上のどの身体もメタモルフォーゼを免れないのは、ガイアとその子どもたちの惑星的本性からなのである。

ところで、この物、存在、様相、出来事のちぐはぐな総体が統一的な何かを構成するのは、この惑星的本性——地球上のどんな微細な粒子でさえ規定するこのメタモルフォーゼ的な力——にほかならない。あらゆるものは遅かれ早かれ他者の位置を占め（それを強いられ）、遅かれ早かれ他者の身体に戻らなければならない（もしくは他者の身体にならなければならない）。他者の形態は必然的にわたしたちの形態である。あらゆるものは同じ身体、同じ実体、同じ本性を分かち持っている。どの存在も、それを横切るメタモルフォーゼのおかげで惑星的に、したがって現世的になる。漂流はメタモルフォーゼの宇宙規模での名称であり、その最も原初的で、基礎的で、無機的な形態である。

あらゆる宇宙論、あらゆる世界にかんする教説——あらゆるメタモルフォーゼの理論——は、この惑星的次元を用いなければならない。どの宇宙論も惑星論、つまり漂流の形而上学でなければならない。ガイアの子どもである限り、どの存在も漂流しており、つまりみずからを変様させ、自分の家を変え、移住する。世界は自分のあらゆる部分に絶えず漂流しているよう強いる。あらゆるものに、すなわち生物であれ無生物であれ、石や水、空気、火、ゾウ、ヒト、コナラ、ウイルスに対して、動き、移動し、自己をその場でメタモルフォーゼし、自分を取り巻くものをメタモルフォーゼによって変様するよう強制するのである。

この漂流はいかなる場所、いかなる瞬間においても生起し、複数の次元を経る。漂流は複数の水準で、同時に生じるのであり、それはあらゆるものが、文字通りあらゆるものが漂流し、互いに異なり矛盾した軌道に従うほどなのである。

第一の次元、最も単純で、最も共通で、最も明白であるが、つねに禁圧の対象でもあるような次元は、地質学的次元である。あらゆる変様、移住、生きものの移動の前に、より原初的で普遍的な移住、わたしたちの足下に見出される地球にとって重要であり、また地球を含む移住が存在する。それは、わたしたちが文化的、精神的、抑圧の記号として陸地と呼び続けるこの空間である。

一九一二年にドイツの気象学者は地球上には固定的で安定したものなどないことを発見した。大地の各部分は他所へ引きずられ、自分の現在の位置から引き離されるのだから、陸地なるものは存在しない。〔地球上層部の岩石部分である〕岩石圏には、大気に対して想像されるような、大気現象の循環と遠からぬように見える力動性がある。大地と天空は自己の変様において結びついている。「大陸移動説」の最初の理論家であるアルフレート・ウェーゲナーは地質学を根底から覆した。今日では彼の直観は地質学において、ダーウィンが生物学にもたらしたものに匹敵するものと考えられている。

プレート・テクトニクス理論は、形式科学としての地理学の破壊であった。大地はもはや存在せず、安定的で決定的な形態もない。あらゆる大陸は動く筏《いかだ》であり、生きものを惑星のある側から別の側へと、地表の上と下へと運搬する船である。惑星の視点で見れば、それぞれの生きものが足を踏みしめる大地が動かされるのだから、生は移住している。移民となるのは生きものの一部にすぎないと考えるのは不可能だ。土地は移住するものであり、絶えず移住している。祖国や植民地など存在せず、さまざまな船や筏のみが存在する。それぞれの大陸、新たに出現した大地（そしてまたそれぞれの海洋）は無数の生きものをあらゆる起源から隔たった他所へと運搬する、一種のノアの方舟である。ただ唯一、次の違いがある。この動きは洪水あるいは偶発的な気象的事象の帰結ではないのだから、その旅に終わりはない。世界内に存在することの条件は移住である。それは場から場への旅ではなく、永続的な運動という形態――漂流――である。プレート・テクトニクス、つまり地球上のあらゆるものが漂流状態にあるという考えは、不規則に運動し続ける惑星ないし身体という概念に含まれる観念そのものを普遍化する。地球上のそれぞれの身体は地球全体の身分と力学を有している。したがって、あらゆる生きものが本性として惑星的であることを認めることは、ガイアとその最も深い本性を共有しているということを根本的に考えることを意味する。

これほどまでに生きものに親しみ深いメタモルフォーゼは、漂流が地球の身体に命を与えて手を加えてきたことの結果である。反対に、生きもののメタモルフォーゼは惑星の生を妨げるどころか、その本質的な力動性を構成する。物質が惑星となるのは自分をメタモルフォーゼすることにおいてであり、永続的な漂流においてである。

わたしたちの漂流は多面的である。まずは天文学的観点から言えば次のようになる。地球は太陽や他の惑星を作っているのと同じ物質的な星雲のメタモルフォーゼである。しかしミクロな視点もある。漂流は地質学的、地理学的であるのみならず、生物学的、生理学的でもある。あるいはより正確に言えば、性交、進化、さらには食事と代謝は、惑星のメタモルフォーゼ的な生の運動の延長にすぎない。わたしたちは漂流する存在であるが、そうであるのは、わたしたちはあらゆる部分が絶えずお互いから隔たり、衝突しあう超大陸、超生物だからであり、これが唯一の理由である。

乗り物の理論

惑星的条件は個体の性質ではない。惑星であることはつねに他のもの、あるいは他の誰かのために存在することを意味する。世界のうちにあるすべては、別の何かの惑星である。どの生きものも別の誰かの惑星である。地球はわたしたちの惑星だ。それは絶えずわたしたちを他所へ運び、運搬する。しかし、わたしたちは多数の他の存在の惑星である。まさにわたしたちの身体に生きているバクテリア、菌類、ウイルスにとっての惑星である。わたしたちは遺伝的観点からも惑星である。人間の身体は、別の時代、別の種、別の生の形態に由来する遺伝的コードの断片の集積である。わたし自身はわたしの母と父の遺伝的コードの、そして私の身体を横切って両親の解剖学的空間をはるかに超えたところに由来する遺伝的コードの惑星である。遺伝学はこのように生のプレート・テクトニクスである。さまざまな観念や知識も同様に（わたしたちを支えるから）わたしたちの惑星であるし、それだけでなく（わたしたちはあらゆる場所にそれらを広めるから）人間という惑星の住人でもある。

より一般的には、あらゆる他の存在との関係はこうした惑星的な配置を生み出すのであり、その配置において、ある存在は他の存在のための惑星となり、相互にさまざまな理由でお互いに対して惑星なのである。メタモルフォーゼという関係はつねに惑星的関係であるが、それは二重の意味で、つまり、この関係があるものを世界へと変様させ、そしてそこに含まれる形態を他者の惑星にするという意味においてである。この惑星的存在が関係する次元は、乗り物と呼ばれる。あらゆるものが別の何かにとって惑星であるということは、あらゆるものが別の何かの乗り物だということを意味している。宇宙、世界全体はあらゆるものが動き、別のものを自分の上に運ぶようなメタファーであり、輸送者である。あらゆるものはノアの方舟である。世界内に存在することとは自己自身とは異なるものを運ぶことであり、他者に運ばれ、運搬されるということである。漂流の形而上学とはしたがって、乗り物性の形而上学でもある。この二つの語の違いは、前者が身体のなかの運動を指すのに対し、後者が、それぞれの惑星が運動する身体であるのみならず、他者の身体に運動を与える身体でもあることを指すことにある。

この意味で、車、船、飛行機は世界内存在の最も基礎的でパラダイム的な形態である。生きもののみならず、あらゆる物は自分が支えるものを他所へと運ぶ乗り物である。この直観は非常に古い教義、つまりプラトンのオケーマ（ochema）概念の基礎をなしている。オケーマとは乗り物であり、地上と天上における霊魂のあらゆる実存形態の可能性の条件である。プラトンはいくつかの著作において、霊魂の身体への降下とあらゆる受肉形態とに伴い、そしてそうしたことを可能にする乗り物に言及している。これは『ティマイオス』で語られることであるが、プラトンはそこで次のように想像する。世界の創造責任を担う偉大な職人は、人間の霊魂をそれぞれの星に割り当て、「霊魂をそれらの星に乗り物のように乗せて、宇宙の本性を示すだろう」。別の箇所では、霊魂が自分たちの乗り物を介してアケロンという冥府の川へ赴くのだと述べている。プラトン学派はこうした詳細について大いに思索し、いくつもの「霊魂の馬車」を想像することになる。身体は乗り物として想像されるが、ある場や空間、物質片への地理学的あるいは物理学的な付着としては定義されないのであって、反対に、身体とは運動を可能にするものなのである。身体とは、空間や場からの脱出、あるいはもっとうまく言えば、それらが絶えず変異するための原理の可能性の条件である。わたしたちが身体を持っているのは、〈いまここ〉によりいっそう付着するためにではなく、場を変え、時間を変え、空間を変え、形態を変え、物質を変えることができるためである。乗り物としての身体はメタモルフォーゼの可能性の条件である。この身体は他所へ行き、他者になることを可能にする。

わたしたちの身体は同一性と形態の車、飛行機、船にほかならない。他の無数の個体の同一性が自分の殻から脱出し、わたしたちのなかで生きることを可能にした車である。無数の思い出と観念が場所と物質を横切ってどこへでも行くことができる飛行機である。世界の本性を変容させつつある、世界のさまざまなイメージを積み込んだ船である。あらゆる身体は旅の途中だ。たとえばプラトン的伝統においても、霊魂はその死後でさえ旅するのをやめないのであり、乗り物と荷車を変えるのだ。

重要なのは、実体と場所性の論理を反転させることである。実体は存在せず、したがって他者に支えられていることは旅をしていることを意味する。他の生に帰るということが意味するのは他所へ運ばれているということだ。あらゆるものは、何かになるために他のものの惑星にならなければならない。あらゆるものは他者に対する乗り物となるという関係を受け入れる。一方で、世界との関係はつねに他の身体によって媒介されている。単純で直接的な実存は存在せず、それゆえリアリティとの直接的な関係はけっして存在しない。他方で、身体の一部をなすということはただ一つの身体に融合していることのみならず、その身体によって他の身体と他の場所の無限性に運び込まれていることをも意味している。あらゆる身体は秘密の通路である。あらゆる身体は他の世界の無限性への入口なのだ。

大いなる方舟

「あらゆる生きものはその種ごと、あらゆる家畜はその種ごと、あらゆる地を這う爬虫類はその種ごと、あらゆる鳥はその種ごと、あらゆる小鳥、羽をもつものはその種ごとにひとつがいずつ方舟に入った」[1]。旧約聖書は地球全体を巨大な乗り物と考えさせた。それでも、あらゆる乗り物の論理は、全体性を空間の用語で考えることを不可能にする。乗り物があるのは、安定的な関係、とりわけただ一つの場での関係を誰もが構築しうる共有空間、共有の家、共棲の場が存在しないからである。漂流し続けなければならないのは、あらゆるものがそれとまったく異なるものと出会いうる場が、今後もけっして存在しえないからである。世界は惑星であり、だからこそ地球でも家でもない。世界は惑星であり、だからこそつねに他所、別の仕方が存在する。世界を理解するには、思考するという経験をしてさえいればよい。

地球のあらゆる種が、神の命によってではなく完全に自分の意思で、ただ一つの場に集まるのを見たと想像しよう。彼らが一緒に、隣りあいながらこの場に向かって移動していると想像しよう。どんなに遠い場所からも——歩いて、飛んで、這って——やって来ると想像しよう。虫、小鳥、ウイルス、バクテリアを想像しよう。そしてすべての樹木とすべての植物が自分の身体を伸ばし、自分の種子を飛ばしたと想像しよう。この〈生きもの会議〉を想像しよう。生のコミューンである。現実的で明確な、あらゆる生きものの出会いとしての生。

この［あらゆる生きものが集う］場を想像しよう。それら生きものたちを住まわせることのできるのはどのような空間か。人間のみならずあらゆる種にも開かれた、この一種の楽園をどう考えるべきか。あらゆる生きものを密集させることのできる場をどう考えるべきか。その境界線はどこにあるか。このような絶対的な光景を考えるためには、あらゆる存在は相互の隣接関係に限定されないと想像しなければならない。また、あらゆるものが同じ場にいるためには、そのそれぞれが同じようにそれぞれに対して、それぞれとともに、それぞれのなかにいなければならない。

そうだとすればこの絶対的光景、あらゆる生きものを集める光景とは、種と種を、身体と身体を切り離す光景ないし境界線であろう。つまり閾だ。この光景において、あらゆる皮膚、あらゆる角皮はそれぞれの種に別の種へと変様させうるもの、つまりあらゆる身体が他者の身体になることのできる秘密の通路である。

この絶対的な光景は地球の特定の場ではないし、特定の場と一致することはありえない。つねに他の生きものが他所に存在するであろう。現れることのないガイアの別の欠片が存在するであろう。地球の全体と一致することはもはやできない。惑星は広大すぎてあらゆるものが互いに出会うこと、他者の息吹を生きることができない。こうした理由で、生きものは〈会議〉を打ち立てる別の方法を発

1　旧約聖書『創世記』第七章十四―十五節。

明した。生きものたちは、自分たちの臨時会議のためにただ一つの空間を予約しておく代わりに、この会議を分配することを想像した。生きものたちの身体の総体において、この絶対的な光景を分かち持つことを想像したのである。それぞれの生きものがこの新たなノアの方舟を強力に作り上げており、この方舟のおかげで彼らは自分の身体において他者に出会うことができる。わたしたちはそれぞれ複数の種の物理的な出会いであり、わたしたちはそれぞれつねに、自分が属していると想像する種よりもずっと多くの種を運ぶ小さな動物園である。生は生きもののそれぞれを、無数の生きものと無生物のための方舟となす。あらゆるものは光景となるのである。

この方舟を存在させうるために、そしてこの方舟をあらゆる生きものの身体と――最小のものも最大のものも同様に――一致させるために、生はわたしたちの知っている形態をとった。たとえば生と死が存在するのは、それぞれの存在が方舟でありうるためである。生まれることとはつねに、他者の生のなかに定住すること、十月十日のあいだ乗り込まれることで、続いて残りの生においてみずから自分の遺伝的同一性、息吹、思い出の乗り物、あるいは方舟となることを意味する。

進化とはあらゆる種をポータブルなノアの方舟として構築する方法でもある。種は世界へと導かれる。つまりある種が最終的にその方舟となる別の種によって乗り込まれる。こうしてわたしたち人間は猿の方舟によってガイアへと導かれたのだ。霊長類はわたしたちの方舟だったのであって、いまやわたしたちが彼らの方舟である。

生は特定の身体に固有の性質ではない。物質の乗り物としての本性、この世界の惑星としての構造の帰結にほかならない。生は、身体が互いのための乗り物、方舟、惑星であるようなところにしかない。この世界において——わたしたちの世界において——空間がたんなる延長であることはけっしてありえないだろう。空間が与件《データ》のようなものとして現れることはけっしてない。空間は存在せず、旅のみが存在する。生のみが存在するのだ。

わたしたちはそれぞれの生きもののなかに古来の方舟を見ることを学ばなければならない。これらの方舟は惑星、宇宙の地理のみならず、それらの歴史を横切る。方舟は明白な境界線の全体を横切る。生物と無生物を切り離すように思われる境界線、わたしたちが物質と精神のあいだに、さまざまな個体や種、場、時代のあいだに存在するのではないかと考える境界線である。

境界線は世界より前に存在するのではなく、反対に世界を生み出し、世界を織りなし、世界を受肉させる。それが、もはやその起源を見出すことのできないまでに引き延ばされた唯一の同じ方舟なのか、あるいはお互いが混同されるまでにもつれ合う多数の方舟なのかを知ることはけっしてできないであろう。

この交わりによって方舟は地球の最も離れた場所を共存させるだけでなく、両立不可能な隔たった時間どうしを、あるいは親子関係を互いに共有することのない生の形態どうしを共存させる。地球上の各存在が、自分の身体において先史的な要素や、それとは別のハイパーモダンな要素を運ぶのは、この方舟によってである。新生児、つまり一番最近目を開いた生きもの——ヒトであるか、クジラやトンボ、あるいはコナラであるかはあまり重要でない——とて、あらゆる形態の生が出現するより前にこの星に住みついていた物質からなる。その身体は自分の種や科よりも古いが、自分の本来の実存のさらにずっとあとになって、おそらく永久に宇宙の歴史を変えるであろう。その新生児に生を与えた者であっても、厳密に言えば、その誕生が見える場所から来たものはいない。数千年をはるかに超える前からあるその原子は宇宙を駆け回り、もはや存在しない場所から来ておそらくはまだ出現していない場へ向かうよう定められている。生きもののなかで新たに産み出されたもの、わたしたちの世界の物質において絶対的に産み出されたものは存在しない。

そしてこれらの方舟は、宇宙の明確な歴史と地理を描くことを可能にするアーカイブと地図製作とを絶えず混乱させる。方舟はつねに前進あるいは後退しており、けっして同じ場所に留まりはしない。時刻を同期させ、場を閉鎖して隔離できないのは方舟だからである。あらゆる存在が同一であるという定義においては、過ぎ去った歴史が未来よりも重要であると想定することができないのは方舟だからである。わたしたちの幼年期と世界の黎明期とを区別できないのは方舟だからである。

わたしたちは自分のなかに宇宙の黎明期を運んでいる。あるいはよりうまく言うならば、わたしたちはわたしたちの幼年期を、この惑星とそれを取り巻くあらゆる物質のどんな小さい部分とも共有している。わたしたちは自分の息吹を現在と未来のあらゆる生きものと共有している。わたしたちのなかで息づいているのはガイアである。どの新しい存在の息もさらなる共有とより共有された身体とを生み出す。わたしたちは新たに惑星全体の身体と融合し、さまざまな形態のあいだに新たな結束を打ち立てる。それぞれの生きものはそれぞれの仕方で、最もちぐはぐで異質な身体=国民《コール》を集める微小なリヴァイアサンである。

この古さ、生命力は一つの切り札であるだけではない。それはあらゆる形態が壊れやすいことのしるしであり実体である。存在しているものはみな、その皮膚と相貌を変える必要があり、みずからを含む境界線のなかにはけっして含まれることのありえない生によって命を与えられている。わたしたちが誤って傷つきやすさ、可死性、弱さだと考えているのは、あらゆる生のあいだのこの開放性と連続性の別の側面にほかならない。わたしたちがそれぞれ有する生は、住みつく身体に完全に適応することがない。生は別の身体に変様するときを待つのみである。この古くて、雑食で、雑種《ハイブリッド》の息吹はすでに他所へと移住しようとしている。そしてより一般的には、可死性はあらゆる生の中心に無機的物質――ガイアの物質――が存在する証拠にほかならない。この物質には、しかじかの身体に命を与える必要性がない。無機的物質は、形態とは無関係であるにもかかわらず、あらゆる形態が利用できる。あらゆる生が自分の胸中で懐柔しているこれらの無機的内臓は、ふたたび岩壁になりたくてうずうずしている。メタモルフォーゼは不可死性という定めではない。そしてそれは惑星にとっても同じである。

みんな家にいる

こうした乗り物性から出発して、わたしたちは自分たちが一緒にいることを記述し思考しなければならない。ところが、わたしたちは乗り物を怖がる。方舟を恐れる。旅することを危惧する。何があっても、自分の家に対する強迫観念から解放されはしないのだ。わたしたちは、よく整頓され、清潔で、自分のものであって、他の誰かではなく自分だけに属している空間への愛から解放されえない。明確な境界線や、内側と外側の空間の対置への愛から解放されることができない。太陽、風雨、世界に曝されていることよりも、内側、洞窟、地球の内臓を好み続ける。家は境界線の原型である。なぜなら、家には自分が打ち立て、利用し、住みつく最初の壁が含まれているだけでなく、家を通してこそ親しい者、近親者、離れがたいもの、そしてその他の者と人間性を共有するからでもある。わたしときみが存在するのは家のおかげであり、わたしがもはや特定の「他者たち」から離れず、一緒になり、家族となることを学ぶのは家を通してである。わたしたちが家を捨て、空間との自然な関係、つまり直接的で根源的であり、人工的で偶発的なものでない関係が存在するという考えを、わたしたちは棄てることができない。自分が危険に曝されず、自然に自分自身であるような場が存在するという考えからわたしたちが解放されることはけっしてない。

家に対するこの強迫観念は、考えられているよりもずっと深い何かである。都市が家の集まりにほかならないとすれば、この強迫観念が打ち立てるのはわたしたちの政治的経験（わたしたちはそれぞれ家にいる権利を持つと要求する）だけではない。つまり事物についてのわたしたちの経験を打ち立てる（「エコノミー」と呼ばれるものは個と家を一致させる試みにほかならない）だけではない。さらにこの強迫観念はとりわけ、生きものたちどうしの関係、そして生きものとそれを取り巻く空間のあいだにある関係について、わたしたちが考え続ける仕方を規定する。生態学がその全体において基礎づけられ、少なくとも自分を作り上げているのは、じっさいこの観念である。自然とは、自然体で、愛想がよく、好意的な一つの巨大な家あるいは家族であり、そこには兄弟姉妹たち、父たち、親戚たちがいて、真のよそものは存在しないと考える子どもっぽいノスタルジーから、生きものをめぐるあらゆる省察は解放されることがないように思われる。あらゆる生態学は方舟を不可能にし、家という形態をあらゆるところに認め、この形態を再生産しようとする意志である。乗り物とは正反対なのだ。この家への偏愛は生態学《エコロジー》という名のなかにすでに告白されている。

一八六六年に出版されたエルンスト・ヘッケルの有機体の形態学にかんする個別研究において、この生態学という語は、より古い（少なくともさらに一世紀古い）語の派生として、「自然のエコノミー」を意味する語としてはじめて現れた。ヘッケルは次のように書いている。「生態学とは自然のエコノミーの学」あるいは「概論書には見当たらない生理学の一分野である」。つまり「有機体どうし、そしてそれらと環境との相互関係の生理学である」。さて生態学という学は他の科学分野、あるいは現実を扱う他の観点——たとえば生物学、物理学、化学、あるいは地学——からは独立して形成されえたが、それはたんなる生物学的な事実（たんなる個体の代謝の延長）や物理学的な事実（たんなる熱力学的メカニズム）、化学的な事実（たんなる分子的平衡状態）に単純化されえないものとしてこれらの関係を考える限りにおいてである。これらの関係が新たな、その他とは異なる、自立的な科学の対象をなすためには、別の自然に属していなければならない。こうした関係は、たんに生物学的、化学的、地学的、物理学的ではなく、多様な生物種のあいだ、種とそれら固有の世界のあいだの関係であり、社会的自然に属している。生態学はノンヒューマンの社会理論として、あるいはノンヒューマンの非生命的な自然世界に対する関係の理論として生まれたのだ。「生態学とはかなりの程度、同種個体群の学である」と一九三〇年にフレデリック・クレメンツとヴィクター・シェルフォードが述べたように。当初から問われていたのはノンヒューマンの社会性の特殊さであったが、この社会性とはつねに人間の家を模倣したものであった。この特徴はすでにヘッケルにおいて明白である。ヘッケルによれば、生態学の可能性の条件とは「種によらない、有機体の生存条件の制限である」。この制限は二つある。「地球上のすべての場所で生きられる者はいない」のだから、それは第一に地理的なものである。あらゆるものは地球の一部に閉じ込められているのであり、それらの大部分はとくに限られた空間に閉じ込められてさえいる。〔第二に、〕制限は有機体の相互関係から生じる。というのも、「有機体の種の各々は、その種と同じ場所に生息し、その種に害をなしたり無関心であったり有益であったりする別の数多くの種に依存している」からである。とはいえ〔資源の〕希少性は量的に証明された事実というよりも可能性の条件なのであり、その結果、各動物ないし生きものの資源へのアクセスはノンヒューマンである他の個体によって社会的に媒介されている。生態学は生存環境の希少性を省察し、そうして環境への関係の、化学的または熱力学的のみならず社会的でもある本性を思考可能にするよう強いられている。競合関係について論じることができるのは、資源が希少な場合だけである。じっさいのところ、この相互関係の総体が家事（*Haushalt*）と考えられなければならないという考えを正当化するのは、こうした制限の総体である。自然とは古い語義でのエコノミーであって、そこでは各々の事物、各人が意味と役割を有していなければならない。そこではあらゆるものが有用性という関係の下に定義される。生物学的世界は人間のあいだの基礎的な社会秩序——つまり家——のように構築される。トーテミズムが、レヴィ＝ストロースの有名な定義によれば、「自然種の社会と社会集団の世界とのあいだの論理的対応状態を提示し」、したがって「自然的区分と社会的区分は相同であり［…］、一方の秩序において区分を選択すれば、他方の秩序においても対応する区分が採用されることを示している」[2]のであるならば、生態学とはすでにその名によってある種の反トーテミズムであり、ノンヒューマンに属するすべてのものが、人間の土台となる家という社会単位として構築されるということを証明せねばならない。わたしたちはきまって、自分自身の社会性の経験を植物と動物に投影する傾向がある。生態学はノンヒューマンの社会性にかんする未発達な科学のようなものだと述べることができるだろう。未発達というのは、生態学がいままでに家というパラダイムを超えて思考することに成功しなかったからである。生態学はその一般的構造、一般的方向性、基礎的諸概念に

2　クロード・レヴィ＝ストロース『野生の思考』大橋保夫訳、みすず書房、一九七六年、一二三頁。

おいて、完全には意識されていないのだが、奇妙なことにノンヒューマンである生きものを、住居という境界線を用いて想像するよう誘っている。みんな家にいるのであり、死ぬまでそこに留まらねばならない。誰かが自分の家から出るならば、別の領域の侵入もしくは平衡状態の崩壊が問題となる。生きもののあいだの関係を問おうとする試みにおいて、生態学は都市の外に――いわゆる「野生の」種へと――非常にブルジョワジー的で十九世紀的な生の秩序を投影することに終始した。家に留まり、外出してはいけないし、空間は所有物と固有性の法則によって規定される。ノンヒューマンを保護しようとしながらも、生態学は世界を人間らしく作り替え、ノンヒューマンを人間化する最大のオペレーターの一つであった。生態学のおかげで、世界は一つの巨大な市民農園《クラインガルテン》に類似し、そこではあらゆる生の形態がみずからに課された境界線を嬉々として尊重しているのである。

家庭内でのノンヒューマンの生

生の形態とその形態が占める領域とに対して、まったく出不精で家庭内的な関係を生きものに課したのは、現代の生態学ではない。生態学がその無意識の再受肉である学術領域が、生態学に先行していた。自然のエコノミーである。この学の最初の歴史的証言はカール・フォン・リンネの弟子イザーク・ビベルクによる一七四九年の博士論文である。それによれば、自然のエコノミーとは「至高の創造主によって設けられた、非常に賢明な自然的存在の配置であり、この配置にしたがって自然的存在は共通の目的へと向かい、相互的な役割を持つ」。リンネがその他のテクストで認めることになるように、ここでの配置というのは神の摂理を示すために用いられる神学的術語である。この教説はあらゆるものが世界という大きな家のなかで固有の位置を持っており、その位置は家族の偉大な首長たる神によって授けられたのである。

したがってこの観点から見れば、自然のエコノミーとはキリスト教神学の一分派である。それは神と生きものとの関係を問う学術領域なのだ。その関係はむしろ、創造主によってなされた至高の選択という基礎のうえであらゆる生きものが相互に、そして物質的世界と結ぶ関係である。こうしたことは偶然ではない。〔進化論以前の〕非進化論的な世界では種どうしが系譜学的関係を有すると考えられていないので、互いに出会ったことのないアメリカのウマとヨーロッパのイヌとが、それらを創造し、それゆえそれらの相互関係を考えることのできた共通の創造主の決めた位置に置かれているのでなければ、相互関係を有すると考えることは不可能なのだ。

自然界が一つの社会として、純粋に物質的でないような論理に従う行為者《アクター》たちの一つの秩序としてすでに現れており、そして現れることができるのはこのような創造主という観点からにほかならない。したがって、こうした社会を考えるためのモデルが家であるのは、生きものどうしの相互関係――つまりノンヒューマンの社会――について問いを立てるために必要な視点が、それらの創造主の視点であるからにほかならない。じっさいここにおいて「エコノミー」は古い語義において理解されなければならない。それは家政学、オイコス（oikos）、家の学であって、政治学とは対置されるのである。古代ギリシアにおいて家政学《エコノミー》は政治学の反対概念として捉えられていた。オイコスという家の領域が都市と国家の領域に対置されるのとまさしく同様に、家政学《エコノミー》は政治学に対置されたのである。この対置はまず時間的順序であり、ついで階層的順序である。同じ家に住むものたちの関係が国家に先行する。この関係は、精神生活の一部であるものにではなく、生物学的な生存に関する協力関係にかかわるからだ。それはポリス（polis）よりも自然な共同体なのである。同じ家に住むものたちの関係は、統治なき空間としての都市ではなく、別の形態の統治としての都市と対立する。「政治とは多数の指導者をもつ事柄であり、家政《エコノミー》はただ一人の指導者をもつ」とアリストテレスなら述べるであろう。[3]
さらに、政治が自立性を土台とし、市民たちの自由を志向するとしても、古代ギリシアにおいてあらゆる家は奴隷制を前提とし、父性権力に対する主体の実質的な自由を予期していない。じっさい家において物と人は同じ次元に置かれている（アリストテレスによって「生ける道具」と定義される奴隷がその証拠である）。首長の権力がもっぱら人間にのみ向かう都市での事情とは反対に、家において父性権力は同様に、そしてとりわけ事物に対してかかわる。自由があらゆる政治的経験の軸であるとしても、それとは反対に、有用性と秩序が家庭内構造の根源を規定している。それぞれが自分の場所を有し、それぞれの物がその有用性と役割を有している。

さてエコノミーという語で自然を考えることは、それぞれの生きものが自分の場所と機能と役割を有しており、あらゆる自然的存在が隠された調和関係にあるとみなすことを可能にする超越的統一性があると想像することである。最も古い理論家のひとりであるクセノポンにしたがって述べるならば、家政学《エコノミー》は「ある学問の名として現れる。それは人が自分の家財を増やすための学問である。家とは所有物全体であると考えられ、わたしたちは各人を生かすために有利で有用なものを所有物と定義した。そして最後に、うまく使用しうるあらゆるものが有用であると発見したのである」[4]。

キリスト教的文脈において、神は世界の創造主であって、たんに王や主人であるだけではない。神が世界とあらゆる彼の作った生きものに対して権力を行使することができるのは、神があらゆるものの父であるからにほかならない。神と世界の関係は家族の首長が家と結ぶ関係である。神の世界に対

3 アリストテレス『アリストテレス全集　十七』瀬口昌久ほか訳、岩波書店、二〇一八年、四六〇頁。

4 クセノフォン『オイコノミコス　家政について』越前谷悦子訳、リーベル出版、第二版、二〇一三年、一四—一七頁。

する権力は家族の首長の統治である家政学的《エコノミー》権力だ。世界のすべては家の一部をなすものとして考えられる。というのも、この秩序の内部でのみ、あらゆるものは役割を獲得するからだ。自然的世界は巨大な家、家庭内空間として分節化されるのであって、政治的空間としてではない。自立性も、それぞれが占めるとされる位置の交渉も存在しない。あらゆるものに任務と役割とが割り当てられているからである。したがって、ノンヒューマンの連関《アソシエーション》は有用性と秩序の論理によって構成されると考えるたびに（自然が一つの大きな家であり、交渉も偶然も存在しない空間であると考えるたびに）、そこでおこなわれているのは観察ではなく、生態学的知識を生み出した古くからある反トーテム的身振りの反復である。

ノンヒューマンの領域が生態学によってまったく因襲的な用語で思考されるのは、こうした純粋に家庭内的な社会学的パラダイムが原因でもある。「人間の家は所有物と同じである」とクセノポンは書いており、神による世界の「家政学的《エコノミー》」統治は、ノンヒューマンを有用性によって完全に規定される財産の総体となす。

したがってまずこの起源によって導かれた帰結が、生態学と商業的な意味でのエコノミーが同じ認識論的枠組みと言語を共有するということであるとしても、それは偶然ではない。リンネの別の弟子は財産のエコノミーとノンヒューマンのエコノミーとの明確な対比関係を作った。「真に素晴らしいエコノミーがわたしたちの地球上に確立されることで［…］あらゆるものは鎖のように次々に連なっていく。じっさいわたしたちの私的エコノミーにおいて犂《すき》や柵や堆肥の山は食料や薬としてはふさわしくないが、多大なる有用性に資するのと同様に、自然のエコノミーにおいても直接的な仕方ではないにせよ、間接的な仕方で多大な有用性のある諸々のものがすでに用意されている。人間は自分のエコノミーを、自分たちが想像しうる最も大きな発明のうちに数え入れることができる。いや、それ自身非常に賢明な存在によって打ち立てられたエコノミーがいかに賞賛に値するかを考えてみてほしい」。エコノミーを自然の上に基礎づけたのと同じ論説において、イザーク・ビベルクは自然的秩序を打ち立てうる〈見えざる手〉について論じている。「自然の事物が途切れることなく連なって存在し続けるために、至高の精神を持つ賢者は［…］あらゆる自然的存在が次々に救いの手を差し伸べあい、種にかかわらずお互いを存続させることを命じた」。少なくとも認識論的な観点から見れば、生態学と資本主義は兄弟である。同じ家族に属し、似た利益を護っている。

調和と一種の相互的有益性によって定義される内的秩序の探究は、生態学の初期テクストから長らく恐怖とともに反復しているように見える、ただ一つの明白な事実への部分的な応答になっている。その恐怖とは、ノンヒューマンの社会の基本形態としての戦争状態に対する恐怖である。リンネのまた別の弟子であるダニエル・ウィルケは次のように書いている。「人間が［…］テラスに出て感覚を研ぎ澄ませて、注意深く、地球を一つの新たな住まいとして観察するならば、多大な混乱状態のうちで交じり合う多種多様な無数の植物に覆われた空を観察するだろう、ミミズ、昆虫類、魚類、両生類、鳥類、哺乳類によって、深い憐れみを呼ぶまでに迫害された植物に覆われた空を。その人はこれらの生きものが最も美しい花々を食い物にする場面だけでなく、驚くべき横暴さをもって無慈悲に殺し合う場面を見ることになるだろう。つまり、彼が注目することになるのは万物の万物に対する戦争にほかならない。他方、彼は自分が無力であり、非常に多数の暴力に曝されているということを知るだろう。不安でおぼつかないままで、彼が安住の地を探すことは困難であるばかりか、不可能であろう。この世界に十分長い間滞在したあかつきに、彼は少しずつ基礎的な秩序を見つけ出し、ついには至高の混乱状態が彼にとって注目すべき秩序であるように思われる。つまり聖書にその始まりと終わりを探すことが困難であるばかりか無意味であることを、驚きながら認めるであろう。じっさいあらゆるものは循環運動のなかにあるのだ」。ノンヒューマンたちの相互関係は暴力の極致であるように思われる。万物の万物に対する戦争状態（もちろんホッブズに由来するイメージである）は絶えずそれぞれの種の物理的な均衡状態を脅かしている。自然を家庭のように考えることはまさしくこの暴力を否認すること、もっとうまく言えば、それを抑制し、さらに大きな隠れた合理性のなかへとふたたび統合することに資する。つまり、平和、調和、局地的な損害の組み合わせ、普遍的有用性からなる合理性である。戦争状態に直面して人間たちどうしのように条約や協定が必要ないのは、この「見えざる手」、このエコノミーのおかげにほかならない。ノンヒューマンたちにあっては、それぞれの存在はその存在論的な位置づけにしたがって、家庭内秩序において尊重すべき役割を有するのである。だからこそ惑星を家と考えること、言い換えれば文字通り生態学的に考えることとは、あらゆる形態の地上の政治を不可能にする。世界の生態学的統治を考えることが意味するのは、ノンヒューマンどうしの相互関係が交渉の帰結あるいは意図的で偶然的な決定の帰結ではけっしてないと考えることである。

この枠組みによってダーウィンの進化論を完全に理解することができる。ダーウィンの最も重要な偉業は、種の変様という主張だけではなく（十八世紀にはすでに広く支持されており、ついでラマルクによってふたたび主張された）、種の変様が生態学的現象、つまり社会的現象であると考えることである。

それぞれの種の遺伝的かつ形態学的な宿命は、純粋に化学的あるいは地学的な均衡状態の帰結ではなく、非常に特殊な形態の社会性をもつ社会現象の帰結である。競争と戦争状態だ。大局的有用性という隠れた論理に自然の戦争状態を引き戻すよりもむしろ、ダーウィンは万物の万物に対する戦争状態を、すべてのノンヒューマンたちが共有する社会的労働の証拠であるとする。それによって自然が局地的《ローカル》かつ大局的《グローバル》な有用性を生み出すことができる社会的労働である。戦争状態とは社会的紐帯であり、それによってノンヒューマンの社会は改良され、展開していくことができる。系譜学が世界的かつ局地的な規模で有用性を生み出す家庭内の道具ないし機械となるのは、この戦争が一般化した状態においてである。有用性を搾取できるのは、とりわけ人間による淘汰（人間の自然に対する戦争）のおかげであるが、生きものの相互発生が周縁的な有用性を生み出し、種の改良を可能にし、他の種の有用性を強化することができるのは、自然淘汰のおかげである。ダーウィンの理論は自然のエコノミーとその神学的前提の崩壊と同時に勝利を記す。あらゆるもの、とりわけ個人と種のあいだの戦争状態と競争がやはり、一つの役割を有していて、内的秩序を作り出すのに役立つ。戦争状態は大きな〈家〉をかつてないほど強力で権力を持つものへと変えるための秘訣にほかならない。

メタモルフォーゼが作動するのはこのような家に逆らってなのだ。

侵入

地球という惑星はメタモルフォーゼの生、生きとし生けるものの漂流にほかならない。その本性は、万物が場所を変え、それぞれの空間が内容を変えねばならないというものだ。万物は同じ場所に留まることができないのだから、生態学は不可能である。存在はけっして自宅を持たないのであり、場所はけっして唯一の所有者のための家になることがない。

ある場所での生きものどうしのあらゆる連関《アソシエーション》が原地性という観点《プリズム》からは思考されえないことを確かめたのは、植生地理学の父の一人である。したがって、一八五四年にその記念碑的著作『ヨーロッパの植生地理学に関する研究』を出版した際、アンリ・ルコックは次のように主張した。「植物の社交性を扱うこと、そして類似した個体や異なる種どうしのその連関を扱う」ことは、「移住と植民という現象についての」研究と一致するだろうと。

じっさいルコックは次のように書いている。「ある国に住む植物群がまったくその国に属していることはまれである。植物群のうちの一部は、その植物が住まう土壌にじっさいに起源を有する植物に由来しているが、その他は多様な手段で植民ないし輸送された種に由来している」。ルコックによれば、植物学の起源以来それに固有のものとしてみられる一種の反転したトーテミズムにおいて、「それぞれの種の拡大領域」を研究することが意味するのは、「その種の真の祖国、旅路、闘争、植民を見出すこと」であり、同時に「わたしたちの平野や山にこの異邦の植物群が一歩ずつ侵入した形跡を追うことである。わたしはそれらの形跡をたどろうと努めてきたが、それは歴史家がわたしたちの起源を未開部族に遡って探究するのと同じである。彼らはその昔、わたしたちの古きヨーロッパに投げ込まれ、強力な彼らの種族と、彼らが奪いに来た財産を持っていた住民たち、彼らが征服し服従させた住民たちとを混ぜ合わせたのである」。社会化するためには、移住し、場所を変え、場所を変様させなければならない。旅することなくしては、生きること、つまり生きものたちに出会うことはできない。ジル・クレマンとステファノ・マンクーゾがもっと後になってふたたび主張するように、安定性のパラダイムとみなされている存在〔＝植物〕でさえ移民なのだ。

あらゆる生きものは空間との関係から、自分と自分が住まう世界のメタモルフォーゼの手段を作り出す。ある場に定住することはその場を変様させることを意味する。家とは、わたしたちが忘却していた、世界のメタモルフォーゼの傷跡にほかならない。ある場との、そしてそこに滞在する存在たちと長く付き合うというあらゆる関係は、その本性を根底的に変化させることである。あらゆる居住は二重の意味で侵入である。わたしたちは自分が住まう空間へ侵入し、そしてこの同じ空間はわたしたちに侵入する。

したがって、生きものと空間との関係を原地性という観点《プリズム》の下に考えることは起源に触れることではない。それが意味するのはむしろ存在にその生が管轄外であるような法規範を課すことだ。わたしたちにこう考えさせる範疇はじっさい、生物学的観察ではなくイギリスのコモン・ローに由来している。この思い違いを生み出したのは、十九世紀のイギリスの生物学者、ヒューイット・コトレル・ワトソンである。イギリスの植物相の調査において、ワトソンはグレート・ブリテン「島に固有に自生する植物相に加わる確固たる権利をほとんどもたない」植物に対して抗議を表した。それはつまり、「ある種目が庭の外に放棄された種子や根からたまたま発生し、数年保存され、そして［…］装飾目的あるいは経済的目的で植えられていたのだ。これらの種はたまたまイギリスに定住しているフランス人やドイツ人などと同様に、イギリス種と呼ばれる権利をもはやもたない」。さらに数年後、ワトソンは一冊の本を出版している。そのなかで彼は「〔イギリスの植物〕種という語の水準における市民的要求と地域的状況」を論証している。そして驚くべき反トーテム的身振りにおいて、彼はコモン・ローの範疇を植物に適用する。したがって彼は市民となる種と居留民、外来種（エイリアン）とを区別することになる。生態学があえて侵入種について述べようとするたび――とくにチャールズ・エルトンの一九五八年の著作『動物と植物による侵略の生態学』[5]にしたがってそうする際に――、わたしたちは人間文化のうちで（十九世紀のイギリス司法文化という）地理的、歴史的にごく些細な一部の習俗や慣習を植物の世界へと押し付けようとしているのだ。

人間的な、あまりに人間的な規範は、国境を鎖していた十九世紀の国家に典型的な社会形態を採用するよう、さまざまな仕方でノンヒューマンたちに無理強いする。それはあたかも生態学がノンヒューマン、家族の善き父（秩序と有用性に注意を払う父）として振る舞うことを、あるいは人間が自分のためにまったく恣意的な仕方で引いた国境線を乗り越えないよう注意する市民として振る舞うことを、ノンヒューマンのすべての種に強いているかのようである。

地球のメタモルフォーゼに出会うこととは、この奇妙な捕虜状態となった生きものを解放することである。そうした生きものはガイアに住まうだけではなく、メタモルフォーゼを自分の胎内へも運んでいる。生きものはメタモルフォーゼを自分たちの行くところならどこへでも連れていく。生きものは特定の領域に住みつくのではなく、自分の地理学と組成とを絶えず変え続ける土壌なのである。

5 チャールズ・S・エルトン『侵略の生態学　新装版』川那部浩哉、大沢秀行、安部琢哉訳、思索社、一九八八年。

V　連関《アソシエーションズ》

多種《マルチスピーシーズ》の都市

どんなメタモルフォーゼも、ちぐはぐな形態どうしの関係があらゆる生きものの存在を規定しているという自明の事柄《エヴィデンス》である。この関係はわたしたちの身体の外にあるのではない。問題となっているのはわたしたちの身体に特有の生理学なのだ。わたしたちは幼虫であると同時にチョウでもある。いかなるシルエットによっても、いかなるエートスによっても、いかなる世界によっても、わたしたちの生が要約されることはありえないだろう。あらゆる生きものは、解剖学的で、倫理的で、生態学的な生物多様性の収縮と展開なのであって、そうした生物多様性のメタモルフォーゼは歴史の可能性の条件なのである。

この観点からすれば、他の生きものとの一時的な連関《アソシエーション》は、そしてもちろん安定したそれも、わたしたちの生の余分で偶発的な次元、第二の時期になって最初の生に付け加わるような第二の生ではない。そうした連関はまさに〔わたしたちの生に〕内的な生物多様性の延長であり、わたしたちを生気づけているメタモルフォーゼの力の増幅なのである。生態系《エコシステム》と都市はメタモルフォーゼによる結託の空間であり、さまざまな形態が連合することで地球のより大きなメタモルフォーゼを可能にする

――すなわちより強くより豊かな生をガイアに与える――ような渦の空間である。

生態系という考えが長いあいだメタモルフォーゼを減速させ阻害する装置であり続けたとすれば、人間の都市はその誕生以来、ちぐはぐな形態やエートス、世界の連関としての生という考えに対抗して構築されてきた。人間の都市は倫理的で生態学的で生物学的なモノカルチャーの実験室であったのだ。じっさい、わたしたちには都市を、その全体が無機質な、したがって単一《モノ》種的な空間として考える傾向がある。つまり都市というのは、ガイアの身体の一部のうえで安定した仕方で生きており、そしてこの身体の構造を操作することで避難所を作り上げる人間という存在が寄り集まったものであるということだ。無機質なものにも人間にも属していないものはすべて――きわめてまれな例外、すなわち猫や犬、わずかな馬、観葉植物、そして非合法に地下に潜っている鼠や少数の虫は除く――都市の城壁の外側、つまり森へと押しやられているのである。このことはすでにその名のうちに示されている（forêt〔森〕は「外で」というラテン語 foris に由来する）。森は欠如の状態によって定義されるのだ。つまり、文明の欠如、「人間性」の欠如、近代性の欠如、テクノロジーの欠如によって。だが、わたしたちの共棲や政治を思い描く仕方の指針となってきたこの対立は、見せかけのものであると同時に有害でもある。この対立が見せかけのものであるというのは、都市や文明と、いわゆる「野生の」「自然な」空間とのあいだに対立を作ることは、ウィリアム・クロノンが鮮やかに示して見せたように、まったくもって政治的な神話であるからだ。野生的なもの、自然なものは、都市に対して、そして人間の市民に対してのみ存在している。「都市は〈野生〉をみずからの象徴的な対立物として作り出し、さまざまな場のうちで最も自然に見えるものをわたしたちの文化的な勢力圏へと引き寄せる」。

ある意味で、自然空間という考えは自然状態という政治的神話の道徳的反転なのだ。近代の政治理論はじっさい国家というものを純粋に自然な世界に代わるものとして考えたが、ここにおいて都市は、政治的なものの過剰から浄化されるために、自然状態、つまり政治以前の野生の世界を構築しなければならないとみなされることになる。

こうした習慣はそのうえ危険なものでもある。石だけで作られた空間は技術の面で不毛の地なのであって、近代的な都市計画が示す無機質への熱狂は惑星の砂漠化に至るほかありえないからだ。この観点からすれば、人類というのは、その都市を通して見るなら、惑星にとっての巨大なメドゥーサのようなものである。無機質な都市は森に対立するようにふるまう。あらゆる森は、ガイアの身体を生気づけるために太陽の光をその身体へと迎え入れることを可能にする力を生から作り出す。じっさい、どの植物にとっても、大きくなるということは、みずからの身体に光を蓄積するということ、地球外の恒星からやってくる光をますます蓄積してゆくことである。それゆえ植物はその一つ一つが恒星からガイアの無機質な身体へとやってきた地球外物質を吸収するエージェントである。生の最も地球的な表現と考えられている木は、他所からやってきた光をその炭素の肉のうちに収め、引き留めている。一個のリンゴ、一個のナシ、一個のジャガイモ──それらは、わたしたちの惑星の無機質な物質のうちにカプセル化された地球外の小さな光なのだ。動物がそれぞれ食事をするときに他者のうちに探し求めているのは、まさにこの同じ光である（他の動物を食べるのか他の植物を食べるのかはほとんど重要でない）。栄養を摂取する活動はすべて、地球外の光の秘密裡で不可視の取引以上のものではない。この光は、これらの運動を通じて、身体から身体へ、種から種へ、界から界へと流れてゆくのである。

生きものたちは石を恒星の堆積物へと変態させる。

それゆえ、産業的なモノカルチャーを実践しているとして農業を非難するのは不当であり間違っている。モノカルチャーの真のゆりかごは都市なのだ。他なるものとの連続性や接触がまったくなかったとしても異なる種と共棲しうるという考えを抱いたときから、絶対的な生や消滅としての死といった幻想が生み出されるのである。人間の身体の自立という幻想を都市は供給している。この観点からすれば、都市とは葬儀のための装置である。都市はわたしたちに死の幻想を象徴的に真実にすることを許すのだ。それゆえ、あらゆる政治学は――それが人間のモノカルチャーについての学問である限りで――その根本から危うくなっているのであり、放棄されねばならない。もっぱら人間にのみ関わる知はありえない。なぜなら、これまで見てきたように、あらゆる生（個体のそれであるか種のそれであるかはさほど重要でない）は異種間《インタースペシフィック》的であるからだ。生きものについての科学は、異種間の知でしかありえない。そのうえ、わたしたちは次のことを顧みてこなかったように思われる。あらゆる都市は第二の身体を、つまり農業的であると同時に畜産的でもあるような、種をまたいだ《インタースペシフィック》第二のリヴァイアサンを前提としているのであり、そしてこのリヴァイアサンは、たとえ都市の身体の外側で亡命生活を送るよう強いられてきたとしても、都市の前提かつ可能性の条件となっているということを。女たち、男たち、植物たち、動物たちのあいだの、種をまたいだ出会いなくして生きていけるような都市などない。そうした出会いは食事のたびに執りおこなわれ、住むことによって承認される。つまりどんな都市も、そこに滞在する男や女に生を与えたり、隠れ家や道具、家具、エネルギー、酸素を提供したりするのに必要な植物や動物からなる身体のうえで生きているのである。人間という個体はすべて、その個体が食べ、消化し、変態させてきたすべての若鶏やサーモン、雌牛、小麦、大麦、トウモロコシの日常的な再受肉でしかない。どんな人工物《アーティファクト》も、他の生きものによる労働や身体の、あるいはガイアの無機質な肉の再受肉である。国家をその生命とするリヴァイアサンは、たんに人間の身体から構成されているのではなく、それと同様に、そしてなにより、これらすべての動物や植物の身体、キノコやバクテリア、石からも構成されている。これらのものこそが自身の全権力を「政治的」身体に与えているのだ。

ところで、人間のあらゆる共同体が種をまたいだ《インタースペシフィック》共同体の一部であると考えることは、政治、農業、牧畜のあいだには区別がなく、そしてあってはならないと考えることを意味する。というのも、都市には自然なところがまったくないからだ。一連の個体がみずからの集団的な生に与える形態には、他の多くの生きものの生において人工的《アーティフィシャル》な修正をおこなうというプロジェクトがつねに含意されている。種内部での連関は種をまたいだメタモルフォーゼによってしか可能ではない。とはいえ、農業（や牧畜）と政治が合致することはプラトニズムの伝統（ニーチェによるその転倒に至るまで）や聖書の伝統において明白であった。この伝統において政治はたびたび司牧的《パストラル》な態度になぞらえられてきたのである。近代は逆に、羊飼い的《パストラル》なモデルを、その最も明白な要素は考慮することなく、抽象的な支配モデルとして理解してきた。その要素とはつまり、羊飼いは羊の群れと同一の種を共有していないという事実である。

羊を飼うことや狩猟、牧畜や農業があらゆる政治形態のはじまりであるというのは、農業のはじまりが資本の本源的蓄積と合致するからではない。牧畜や狩猟、農業はあらゆる政治形態にとっての超越論的形態である。なぜなら、ただ一つの種の内的な事柄でしかありえないような自然の政治というのは存在しないからだ。より一般的に言えば、同じ種に属する個体どうしのあらゆる連関《アソシエーション》は、他の種や他の界に属する個体どうしの付随的な連関とそれらの相互的なメタモルフォーゼとを前提としている。都市はどれも種をまたいだ連関である（この連関は界をまたいだものであり、それゆえに農業は牧畜や狩猟よりもずっと興味深い）というだけでなく、さらにまた、種をまたいだ連関はどれも技術的な性格を有している。この第二の点についても、政治的であると同時に科学的でもあるわたしたちの伝統は改善されねばならない。二つの種のあいだの技術的な関係《リレーション》はもっぱら人間にのみ認められる特権ではないということだ。あらゆる種が他の種ともつ関係はそれゆえ農業や牧畜の関係である。自然な結びつきというのは存在しない。あらゆる種は、他の現生種と技術的な、つまり人工的な関係を維持しているからだ。まさにその技術的な本性によって、種をまたいだ関係は、その関係を維持している種にメタモルフォーゼをもたらすのである。農業とは、この観点からすれば、宇宙に関わる事柄である。人間という種とさまざまな植物の種のあいだの関係――この関係は人類の歴史において一定の時期と場所で生まれたものだろう――であるばかりではなく、すべての種のあいだの関係の、つまりそのつど世界の発生を可能にする関係の超越論的形態でもある。世界の発生はじっさい種をまたいだ関係の一形態であって、ただ一つの種のただ一つの個体の出現ではない。生の形態が一つしか存在しないようなところには世界は存在しない。世界とはつねに宇宙規模の農業や牧畜の所産であり、複数の種のあいだのメタモルフォーゼ的な関係の所産であるのだ。

種をまたいだ《インタースペシフィック》建築

自然な環境というのは存在しない。世界はつねに、構想され、素描され、構築されたそのすべての部分のうちにある。そしてより重要なのは、空間がつねに、その空間を占める種以外の種によって、かつそうした種に対して、構想され構築されているということだ。世界との関係がたんに物理的ないし自然的なものではけっしてなく、つねに政治的であるのは、こうした理由による。世界のうちにあるとは、どの種にとっても、他の種によって構想され構築された空間において生きることを意味する。生きるということは、それゆえつねに、異質な空間を占拠することや侵略すること、そして空間の分有がどのようなものでありうるかについて交渉することを意味する。

生きものに最も共通してみられる最もありふれた現象、すなわち呼吸から出発しよう。世界に対するわたしたちの関係は、なによりまず空気にかんする関係である。わたしたちにとっての空間は、たんに歩き回ったり、見たり、触れたりするための空間であるのではない。居住可能《ハビタブル》な空間はすべて呼吸可能な空間でなければならない。それゆえ空間はなによりまず呼吸の対象、わたしたちの肺の糧なのだ。こうした理由で、端緒となる建築的行為は壁を建造することではなく、空気を調節することである。

わたしたちにはこう考える習慣がある。呼吸は最も自然な運動であり、最も明白で日常的な関係であって、これによってわたしたちは世界や空間へと結びつけられているのだ、と。わたしたちは空気を、さまざまな要素のなかで最も自然なもの、つまり自然を操作する行為をまったく超えた、その最も純粋な形態において存在しているものと考えるのに慣れている。しかしながら、二一パーセントの酸素が含有されている空気というのは植物の生の副産物でしかない。それは植物の代謝に由来するもの、植物の暮らしから出た廃棄物である。別の言い方をすれば、誰かによって修正された存在、手《アー》を加えられた物《ティファクト》なのだ。つまり、人間であったり人類と結びついた種に属する個体であったりに由来しないプランやプロジェクトから世界に生じた派生物である。もっとも、こうした偶然的でノンヒューマンな構想《コンセプシオン》は、世界をわたしたちにとって生存可能なものにする。動物が決定的に陸地に居を定めることは、地殻を取り囲んで包んでいる大気圏が根本的にメタモルフォーゼすることでしか可能でなかったのであり、そしてこのメタモルフォーゼは植物による侵略とシアノバクテリアの活動とによってって生み出されたということをわたしたちは知っている。光合成によって生み出された酸素なくしては、地上の大気は長期にわたってその内的構成を変化させることはなかっただろうし、あらゆる生きものにとって最も直接的な環境となることもなかっただろう。この観点からすれば、世界は動物的である以上に植物的な存在である。世界が一つの庭であるなら、植物はこの庭を満たすものやその住人ではない。あるいは、真にそうであるのではなく、あるいはたんにそのようなものであるのではない。植物こそが庭師なのだ。このように認めることは、地球には超越的であったり本源的であったりするものがまったくないことを意味する。地球とは庭造りの対象であるのだ。わたしたちは他の動物と同様に、植物による庭造りという活動の対象である。わたしたちは栽培《キュルチュール》や農業《アグリキュルチュール》を通じて植物たちが生み出したものの一つなのだ。よりくだけた言い方をすれば、植物は風景なのではなく、まさに最初に現れた風景作家なのである。植物は世界をメタモルフォーゼさせる。

このきわめて単純な事実は、一般化され、種と種のあいだの関係のパラダイム的な実例とみなされるべきものである。わたしたちの世界の相貌を生み出し、地球に手を入れて整備し直す植物だけが存在しているのではなく、どの生きものもそれをおこなっている。建築的・都市的なエージェンシーは人間存在に限定される何かではない。それは生きものがもつ最も一般的な能力である。

それはわたしたちに動物的な本性があるという自明の事柄《エヴィデンス》から引き出すべき帰結である。織り成された原子によって精神が生み出されるのなら、そのとき精神はいたるところに、つまり生存しているあらゆる種のうちにあることになる。生物学とはそれゆえ宇宙規模の精神現象学である。そして理性はノンヒューマンな形態によって表現される。わたしたちはその形態を継承すると同時に内面化したのだ。

どの種も意識のあるアクターであり、失敗や間違った選択だけでなく、自由意志による行動を、つまりその種にとってより有益で望ましいものに必ずしも属していない行動をとることができる。生存しているあらゆる種はそれゆえ、みずからを取り囲む世界に対して、美的でもあるような関係を有している。

生きているということは、たんに他の種とは異なった仕方で世界を知覚することだけでなく、異なったやり方で世界を構成し、それに手を入れるということをも意味する。環境は自然種に先立って存在しているような何かではない。それは各々の種がみずからの像に似せて成型し直すような何かなのだ。生気づけられた世界とは建築家たちの世界である。そして、世界は一つしか存在せず、また、言ってみればどの種も他の種によって生み出され着想された世界のうちで生きていくことを余儀なくされており、そしてその逆もまた真であるのだから、建築とはつねに多種のサロンなのだ。

したがって、人類が世界に到来したのは地球がすでに別の種によって構想されていたからである……人類の善性のためにではまったくない。呼吸をするということは、別の誰かが生み出した何かを加工し、糧にすること、そしてその何かをわたしたちの最初の巣穴へと変態させることである。これが目標なのだ。空間、つまりわたしたちが頑なに自然環境と呼ぶものは、けっして「自然なもの」ではない。わたしたちが空間と呼ぶものはつねに、デザインされ、生み出された空間なのであって、太古の闇以来、手つかずのまま変わっていないような何か、すでにそこにあった何かではない。わたしたちが生きている空間は誰か別のものによって生み出されたものなのだ。共有空間（これは、たんに幾何学的なものとしてだけでなく、あらゆる種類の形態や対象、内容からなる総体ともみなされる）を作り出したこの建築家は、男でも女でも神でもない。それは、生存している別の種に属する個体（ないしは個体群）なのだ。

すべてのものにとって、そしてすべての種にとって世界は同じものであるのだから、受胎《コンセプシオン》=構想という活動はそのどれもが、境界線をぼかし、他の種の世界を救うような活動でもある。一匹のミツバチ、一本のコナラ、一つのバクテリアがみずからの環境を変化させてその生を可能にするたび、この種は別の種の生をも変化させている。したがって建築は、たんに一つの種と世界のあいだの活動的な関係であるだけでなく、種のあいだの不可欠な関係でもある。どんな種も他の種と関係するのは世界の建築家としてなのだ。建築はたんに人間に関わる事柄というのではない。文化的に作られたものであるだけではなく、さらには、種と種のあいだ、生の一形態とその世界との関係であるだけでもない。それは種をまたいだ関係のパラダイムなのだ。

わたしたちの精神はつねに他の種の身体のうちにある

わたしたちはこう考えるのに慣れてしまっている。さまざまな種のあいだの相互依存関係は物理的、エネルギー的、ないし解剖学的な性質のものである、と。この相互依存がなによりまず認知的で思弁的な次元のものであるなどとは思ってもみない。種どうしのあらゆる関係が技術的、人工《アーティフィシャル》的な次元のものであって、自然な、あるいはたんに物理的な次元のものではないのは、あらゆる種が、みずからの精神、知能、思考能力を、つねにかつもっぱら他の種との関係のうちに見出すからである。どんな種も一つないし複数の他の種と結びついているとともに、その精神とも結びついている。知性は器官ではない、知性はつねにあらゆる生存する個体の身体の外に存在している――これは神経生物学の大いなる虚言である。

知性は事物ではなく関係である。知性はわたしたちの身体のうちにではなく、わたしたちの身体が他の多くの身体と取り結ぶ関係のうちに存在している。精神が身体の外に存在しているのは、精神が個体の単一種的な備品ではないからだ。つまり、わたしたちが精神と呼んでいるものはつねに二つの種の生のあいだの連関《アソシエーション》なのである。生態環境《エコロジー》としての精神というこの考えは、現代の生物学にとって馴染みのないものではない。この考えを探究した最初の人はポール・シェパードであった。『動物論——思考と文化の起源について』[1]でシェパードは、思考が植物や動物、バクテリア等々の共生的な共棲の結果であって、そうした共棲の可能性の条件ではないことを示した。大いなる捕食者たちがその知能を発達させたのは、もっぱらつねに、種をまたいだ関係においてであった。草食動物がいなければ、肉食の大いなる捕食者たちはまったく愚鈍になっていただろう。シェパードはしかし、知性がこのように種をまたいでいることを依然として目的論的な発想の下で考えていた。反対にこう考えてみなければならない。あらゆる種にとって、知性は別の種において受肉するのである、と。

このことを納得するには牧場を眺めれば十分だ。花を用いることで植物は昆虫を遺伝学者、育成者、農業者にする。植物は種の遺伝的で生物学的な運命に決断を下すという任を別の界に属する別の種に託しているのだ。つまり、みずからの種のメタモルフォーゼを導かせるという任である。ある意味、花は植物に固有な精神をミツバチの身体のうちに転移させている。それはたんなる共同作業というのではなく、種をまたいだ認知的で思弁的な器官の構成である。このことが意味しているのは、あらゆる進化論的な発達は、ピーター・レイヴンやポール・エーリック、ダナ・ハラウェイらが示したように、共進化であるということ、そしてさらにまた、共進化は、ここまで見てきたように、普通わたしたちが農業や牧畜と呼んでいるものであるということだ。どの種もそれぞれの仕方で他の種の進化の成り行きを決定している。わたしたちが進化と呼んでいるものは、種をまたいだ農業が全面化されたもの、宇宙規模の交配——これは必ずしも種の利益になるものではないが——以外の何ものでもない。こうして世界はその全体において、一種の純粋に関係論的な実在、そこにおいてはどの種も他の種の農業生態学的な領土《テリトリー》であるような実在となる。どの存在も他の種の庭にして庭師であるということだ。このとき世界は栽培《キュルチュール》という相互的な関係である（これは有用性の論理やフリーライドの論理のみによってはけっして規定されない）。この意味で、生態学というのは可能でない。どんな生態系も他の種の農業的な実践や参与の結果としてもたらされたものだからだ。人跡未踏の空間も、野生の動物も存在しない。なぜならあらゆるものは耕され育てられているのである。文化《キュルチュール》＝耕作と自然のあいだの関係はつねにひっくり返っている。あらゆる種は自然をわたしたちのために受肉することができ、そしてその逆もまた然りなのだ。

土壌はそれゆえ自立した実在であることをやめる。土壌なるものは存在しない。あるものにとっての土壌は他のものにとっての生なのだ。政治学はもはや領土という基盤のうえではなされず、種をまたいだ関係という基盤のうえでこそなされることになる。たとえば都市は人間集団が一連の他の種と（そしてそれらが必要とするすべての種と）結んでいる関係でしかない。生きものが居を定めることのできる領土、ニュートラルな空間など存在しない。最初におこなわれる定着は農業的あるいは畜産学的な事柄なのだ。皆つねに他のものの生のうえに居を定めるのであり、そしてその逆に、どの生きものもつねに他の生きものの土壌である。どの生きものも他の生きものの身体を糧としている。その身体は他者から引き出されたものなのだ。あたかも、地球は初めからあらゆる種の身体で形成された身体であり、そのそれぞれが他の種の生を糧とし、そしてすべての種が分離不可能であるかのようだ。

あらゆる生きものは他の生きものにとっての地球であり、どんな種も他の無数のアクター——生物

1　寺田鴻訳、どうぶつ社、一九九一年。

と非生物——の生にとっての土地である。都市のための土地、定住のためだけの空間なるものは存在しない。すべては農地なのだ。土壌とは、生きものを生きものから切り離し、種を種から切り離すようなものではなく、それぞれの生きものに他の生きものと混合するよう強いるものなのである。あらゆる領土はそれ自体が進行しつつあるメタモルフォーゼであり、このメタモルフォーゼのおかげで、生きものや種、生命のないアクターたちは惑星全体で共有されている作用を及ぼすという同じ潜勢力を分かち持っている。反対に、わたしたちは各々が、あらゆる生きものやあらゆる種と同様、集合的なメタモルフォーゼの一要素である。つまり、他の生きものや他の種のための土壌なのだ。他の生きものにとっての土壌である限りでこそ、わたしたちには作用を及ぼすという潜勢力がある。

わたしたちが精神や知性、あるいは「脳」と呼んでいるこうした種をまたいだ関係は何か自然なものではない——つまり自然発生的で、不易で、たんに生物学的な関係であるのではなく、技術的に、そしてある意味では人工的に作られたものなのだ。種どうしの関係はすべて、偶然的な何かとしてだけでなく、芸術家と芸術家が操る素材との関係、あるいはむしろ学芸員と芸術家との関係に似た何かとしても読み取られねばならない。どの花とどの花のあいだで受粉がなされるべきかにかんして、昆虫たちの選択は合理的計算ではなく趣味にもとづいておこなわれる。つまり、どれだけの糖が花に含まれているかが鍵となっている。進化はそれゆえ趣味にもとづくのであって、有用性にもとづくのではない。一つの種の感性が他の種の運命を決める。進化はしたがって自然における流行《モード》にすぎない。幾年にもわたって続けられ、そしてあらゆる種に、その種が他の種から引き出してきた衣装を、あるいは他者によって素描されてきた衣装をまとうことを可能にする、そうした行進なのである。一つ一つの風景が現代の自然の展覧会、あるいは自然の流行が行進する仮装行列である。すなわち多‐種ビエンナーレであり、インスタレーションなのであって、それは他の何百通りの可能性へと置き換わってゆくことを待っているのだ。

自然やわたしたちの存在のうちにあるすべては人工的《アーティフィシャル》で恣意的である。その人工性はさまざまな種のあいだでなされる行動に起因する。地球の歴史とは芸術の歴史、果てしない芸術的実験なのだ。こうした文脈においては、どの種も他の種にとっての芸術家であると同時に学芸員でもある。そして逆に、どの種も、みずからがそれらの進化を表しているさまざまな種による芸術作品であると同時にパフォーマンスでもあり、しかしまた、その種を出現させたさまざまな種がその学芸員であるような展覧会の目的でもある。

進化と自然淘汰〔という考え方〕は完全に変革される。魚、植物、若鶏、バクテリア、ウイルス、キノコ、馬――大きなものであれ極小のものであれ、どの界に属しているのであれ、生きものはすべて精神である。それもたんにそれ自体に対してそうである（思考し、感覚し、決定を下すことができる）だけではなく、他の種にとっての精神でもあるのだ。生きものはすべて、みずからの環境と他の種の環境を意識的に変化させ、必ずしも何らかの有用性に向けられていない、種をまたいだ恣意的な関係を作り上げることができるだけでなく、他の種の運命を変えることもできる。世界はこうした観点から観察されるなら、無数の形態をとる生の普遍的で宇宙規模の知性および感性から生じる、つねに変化し続ける帰結となる。逆に、この宇宙規模の精神構造《メンタル》は、さまざまな種がさまざまなタイミングで最大限に異質な意図に従っておこなう無数の恣意的で理性的な遭遇や決定の連なりから生じてくる。精神、すなわち種をまたいだ進化は、世界のメタモルフォーゼにとっての生なのだ。

どの種も、〔その種の〕芸術家であると同時に作品でもある他の種がたどる進化の運命を決定している。たとえばわたしたち人間は、別の生き方を生み出すために身体を変えることを決定した猿たちによって作り出された芸術作品である。つまりわたしたちとは、三千年来つづく、猿たちによる種をまたいだパフォーマンスなのだ。

地球そのものが一つの芸術的実験とみなされねばならない。じつのところ進化とは、現代の自然と呼ばれるべきものが産み出されることなのである。

芸術は二〇世紀初頭以来、つまり前衛《アヴァンギャルド》として確立されたとき、美的機能をはたすということをやめた。美を創出し、既存のものを飾り立て、調和させるという責務から解放されたのである。みずからの現代性を主張することで、すなわち空間や素材の形式ではなく時代の形式を体現しているのだと主張することで、芸術は未来を予言する集団的な実践となった。このとき以来、どの社会もその社会にまだ存在していないものを、芸術を通じて構築している。芸術はもはやその社会に特有の本性を調和の下に反映したものではなく、その社会の現状とは異なった仕方でみずからを増殖する試みであり、異なった仕方で存在し、そしてまだ存在していないその差異を認識するやり方なのである。芸術とはメタモルフォーゼに対する社会の欲望であり計画である。

現代の芸術は、メディウムや方法、規律《ディシプリン》によっては規定されない。それはすべての感性的メディアや文化的実践および規律を貫き、揺さぶることで、文化が現状とは異なるものになってゆくことを可能にする運動なのである。芸術とは、社会がそれ自身では告解したり思考したり想像したりできないものを可視化することに成功する空間なのだ。

文化にとっての現代芸術に相当するような生の様態として進化を考える必要がある。自然はたんに文化の記憶されざる前史であるだけではなく、文化のまだ実現されていない未来でもある。つまり文化の超現実主義《シュルレアリスム》的な先取りである。現代の自然とは、生がその未来の前衛であるような舞台なのだ。それは自然の前衛としての生である。つまり生の形態の超現実主義的な再生産である。

都市はそうすると現代の自然にとって博物館のような何かにならねばならないだろう。共棲の生態系であるだけではない。生態系という概念は、人間のあらゆる介入が妨げられ、あらゆる技術革新が排除されるような自然で不変な平衡という考えを想定し続けている。技術的プロセスである限りでの進化についてわたしたちが述べたことは、次のことをわたしたちに納得させるにちがいない。どの生態系もじつのところ一つの都市——すなわち革新と進歩が集結する空間——であり、現代の自然の博物館——そうした進歩があらかじめ定められた論理に従ってはおらず、すべての種が自由にそれを利用することのできるような空間——であるということを。

現代の自然の博物館である限りでの都市は、わたしたちの芸術や技術と完全に連続した芸術や技術が寄せ集められたものにほかならない。都市の境界区域は、古くからある博物館——動物園や植物園——や人間たちの旧市街、そして〔ホワイトキューブのような〕白い箱から生まれる雑種のようなものとなるだろう。生はこれらの施設において、種をまたいだ都市計画のようなもの、つまり多種的な風景建築術に合致しなければならなくなるだろう。

こうした新たな博物館は、自然をその限界を超えたところで描き出すことのできる「生態《エコ》-超現実主義《シュルレアリスム》」的な（ただし必ずしも生態《エコ》-近代主義《モダニズム》的ではない）文化のプロモーターであらねばならない。芸術家や科学者、デザイナー、建築家、農業従事者、畜産業者たちを結びつけることで、都市や庭、農園、納屋の中間に、生きものたちが他の生きものや自分自身のために作品を作るような、多種の連関《アソシエーション》を構築していくことが必要になるだろう。このように想像力を有徳に働かせるなかで、美的に、かつ自然に、都市はさまざまな種の集団的なメタモルフォーゼの実践となる。

都市は自然の現代性を可能にするものにならなければならない。自然は文明の前史ではない。わたしたちの現在であり、そしてなによりわたしたちの未来なのだ。自然はつねに現在の未来派的投影であり、そのメタモルフォーゼなのである。

おわりに

惑星規模の知

アマゾニアの最も偉大な思想家のひとり、アイウトン・クレナッキが繰り返し述べるところでは、生はわたしたちの周りにある何かではなく、わたしたちを内から外から貫く何かである。環境といったものは——そしてまた〔わたしたちを〕取り巻くような生も——存在しない。ただ流れが、連続体が一つ存在しているのであり、わたしたちというのは、そうした流れないし連続体がメタモルフォーゼしてゆく活動なのである。

わたしが示そうと試みたのは、メタモルフォーゼは自明の事柄《エヴィデンス》であるということであった。それというのはつまり、わたしたちの周りや外に存在している生の全体が、わたしたちのうちに潜んでいる生と同じ生であり、そしてその逆も然りであるということだ。わたしたちは自身を取り囲むすべてのものと同じ生を生きている。わたしたちはこのことを、イモムシがチョウへ変態してゆく繭に初めて注目したときに発見したのであった。ただ一つの同じ生が二つの身体によって共有されている——解剖学や動物行動学、生態学の観点からすれば、なにも共有していない二つの身体によって。これらの身体はまったく異なる形態や生を持つ。昆虫とは、これまで見てきたように、二つの身体のあいだで分裂した分裂症《スキゾ》的な生である。第一の身体は、食べることしかできない一種の六脚戦車に据えつけられた非常に大きな消化管からなり、第二の身体は、同じ種の個体たちと性的に結合するのに時間を費やす飛翔装置である。メタモルフォーゼとは、両立しないこれら二つの身体が同じ個体に属することを可能にするメカニズムにほかならない。これら二つの身体はまったく別の世界を住処とする。第一の身体は地上を這い、第二の身体は空中で生活する。メタモルフォーゼの奇跡とはそれゆえ、正確な解剖学的同一性や種固有《スペシフィック》の世界によっては辿りなおすことのできない、共有された一つの生の奇跡である。同じ一つの自我、同じ一つのわたしは、両立しない二つの身体や二つの世界において生きることができる。まるで、半生では六つの脚を持ち、地面にしがみついて葉っぱを食べながら生活し、そして別の半生では日夜愛を交わしながら空中を飛び回って過ごすかのように。生をこのように経験したなら、生を一つの身体の、あるいは一つの世界の特殊《スペシフィック》な一形態に固有なものとみなすことはできなくなるだろう。そのときわたしたちにとって生は身体のあいだを通過するもの、異なる世界のあいだを循環するものとなり、一つの固定した特殊《スペシフィック》な質ではなくなる。

メタモルフォーゼとは、二つの身体が同じ一つの生であるという奇跡である。わたしたちは普通、異なる形態の二つの身体はなにも共有していないと考えるが、しかしそれら身体は同じ生を持ち、同じ自我であり、わたしたちが自分の子どもの身体に対して持つのと同じ親密さを持っている。わたしが本書で示したかったのは、こうした関係がイモムシやチョウに限定されるのではなく、世界のすべての身体のあいだに存在し、そして生きているすべての身体と地球とのあいだに存在しているということだった。わたしたちを生気づけているただ一つの同じ生は、絶えずさまざまな身体を変化させ、衣服を変えるために素材を開発し、違った仕方でガイアの身体を彫琢している。ここでは生きとし生けるもののことを考えなければならない。一つの種に属するものたちだけでなく、すべての種に属するものたちのことも、そして、いま生きているものたちだけでなく、未来において生きているものたちのことも考えなければならない。これらのもののあいだには、イモムシとチョウのあいだにあるのと同じ関係がある。これらのものは、身体から身体へ、種から種へと伝達される同じ生なのだ。生きものと地球のあいだにも同じことが言える。生とは、ガイアという並外れて巨大なイモムシにとってのチョウにほかならない。生とは、この惑星のメタモルフォーゼなのだ。

わたしが示そうと試みたのは、この連続性が最初は種の内部という平面上で誕生＝出産を通じて構成されるが、しかしまた生理学や進化の平面上でも構成されるということである。あらゆる種的《スペシフィック》同一性は、事実、他の種との連続性（やメタモルフォーゼ）の定式を規定しているのである。この点で、ダーウィニズムは首尾一貫した仕方でラディカルに読まれるなら、現代の人類学がエドゥアルド・ヴィヴェイロス・デ・カストロの分析を通じて明らかにしたことと合致しうるかもしれない。同じ種に属する個体のあいだのあらゆる関係が多様な種のあいだの関係と同型であるなら、そして個体の誕生サイクルと新種の発生のあいだに完璧なアナロジーが存在しているなら、そのとき種の分類学を自然な事実とはみなすことはできず、人間の文化の分類を可能にするような親族図式の一つとみなされねばならない。生きもののあいだの関係は一つの文化的な親族形態なのであって、まさしくわたしたちの親族関係がなんとか作り上げられ、交渉によって解決が試みられねばならないのと同様に、この関係においても絶えず折衝が試みられねばならないのである。

ところで、本書で展開してきた見通しに従うなら、認識論および政治の観点から、いくつかのまとまった結論に至ることになる。たとえば、わたしたちが数世紀ものあいだ信じ、繰り返してきたのとは反対に、あらゆる種が本質的に種をまたいだ《インタースペシフィック》ものであるなら、あらゆる知識や学知は、その発展のいかなる瞬間においても、いかなる地理的・文化的な風土においても、トーテミズムの一形態であるということになる。人類（そしてまたそれ以外のあらゆる種）がこれまでもこれからもみずからを理解することができるのは、つねにノンヒューマンを観察することによってであると言えるだろう。わたしたちの生に関わるあらゆる知は観察からしか得ることができないということだ。自己意識はつねに種をまたいだものである。たとえば、わたしたちが自身のものとは異なる種の生や生活形態を理解してきたのは、わたしたち人間の生を記述する概念を適用することによってであった。この観点からすれば、トーテミズムと擬人観《アントロポモルフィズム》は同じ二つの道行きである。自分の生の一部がノンヒューマンたちのそれと同一であることを発見するなら、わたしたちは人類の特徴をノンヒューマンたちにも認めることができる。逆に、人間の特徴を植物や動物に付与するたびに、わたしたちはまた、純粋に人間的な本性を持っていない何かが自身のうちにあることを認める。そしてこれら二つの道行きは構造的に必然的である。いかなる種もそれに先立っていた種を最小限に修正したものとして規定されるなら、ただ一つの種についての知識はすべて、その成り立ちからして種をまたいだものであるということだ。ある観点からすれば、あらゆる知識はトーテム的である。なぜなら、他の生きものから得られたのでない知というのはありえないのだから。そしてその逆に、あらゆる自己理解はつねに他の形態の生についての認識である。なぜなら、いかなる形態の生も多数の種からなるコラージュなのだから。

未来

数世紀ものあいだ、わたしたちは将来を占うためのしるしを求めて天を注意深く観察してきた。天を振り仰いでこう考えてきたのだ。他の物体——星々——がその霊気に満ちた身体のうえに描き出しているように見える、変動し変異する幾何学を観察することで、これから起こることを摑むことができるのだ、と。未来についての学知、あるいはこれから起こることについての土着の知識が、いまなお占星術《アストロロジー》——天体の学知——と呼ばれている所以である。数世紀ものあいだ、わたしたちは天をなす部分を、つまり星々を、あるいはむしろ、夜毎に見える天の一部でそれら星々が光でもって描き出すイメージを、わたしたちに訪れていることやこれから訪れることのすべての原因として観察し、敬愛し、崇拝してきた。

こうした確信にはいつも別の確信が伴っていた。数世紀ものあいだ、わたしたちは大地を自分たちの過去の最も神聖な守護者だと考えてきた。わたしたちが死者を託してきたのはつねに大地であった。わたしたちが何者であったかについて教えを乞うのはつねに大地であり、大地がその胎内から吐き出した廃墟であった。数世紀ものあいだ、わたしたちは大地を、他所で起こったすべてのことから生じた純然たる結果、そうしたことがたんに宇宙規模で堆積したもの、人間的でありかつ人間的でない宇宙にある屑置き場だと考えてきた。つまり廃墟の塊である。

わたしたちはずっと昔から、要約しがたいさまざまな理由で、未来と過去を混同させ、天とその反対物だと信じられているものとを混同させてきたこの奇妙な視差誤差の餌食となっている。

この視覚の錯誤を訂正し、逆転した占星術を構築しなければならない。つまり、どこを眺めるべきかを知っているような、未来についての真の学知を。将来がどこにあり、そしてどのように存在しているのかを、わたしたちは理解しなければならない。

占星術が逆転されねばならないというのには少なくとも三つの理由がある。第一に、天に現れるすべてのものが何年も前に――たいていは数百万年前に――生じたものであることを今日のわたしたちは知っているからだ。天には未来がないばかりか、現在の痕跡すらも存在していない。天の最も遠くのイメージというのは、廃墟――何百万年ものあいだホルマリン漬けにされていたので見ることができるような――でしかない。蒼穹は宇宙《コスモス》の最大の発掘現場である。それは天井のない巨大な博物館であり、宇宙の過去を、惑星から惑星へと行き来するスペクタクルとして蘇らせることができるのだ。占星術の天とは、宇宙《コスモス》の過去の巡回サーカスである。

占星術がひっくり返されねばならないというのは、第二に、地球もまた一つの天体であることをわたしたちは知っているからだ。天、そしてわたしたちの大気と太陽のあいだにあるすべてのものは、大地と同じ実体、同じ質料《マチエール》、同じ形相《フォルム》を有している。わたしたちはその本性によって、質料によって、形相によって、天であるのだ。

占星術はそれゆえ地球の学知たることを学ばねばならない。そのためには次のことを理解する必要がある。すなわち、将来を知りたいのであれば、わたしたちは振り仰ぐのではなく、視線を落として、わたしたちの惑星という天の断片に目を向けなければならないということを〔これが第三の理由である〕。じつのところ、地球上に現れているものはすべて賭けというかたちで先取りされた未来である。地球にあるすべての身体は投機的資金なのだ。地球そのものが未来の、そして未来志向的な一つの身体――すべての身体の未来――なのである。これが、わたしたちが学ばねばならないことである。地球をその壊れやすさのゆえに尊重してはいけない。わたしたちは異なった仕方で地球を生きなければならない。というのも、惑星とはわたしたちの未来の肉なのだから。それは来たるべき明日、明後日、そして十億年後の肉なのである。

地球がわたしたちの将来であるということは、未来はけっして外からやって来やしないことを意味している。それどころか、将来が存在するのはただ外部が存在しないからであり、すべてはすでに内にあるからである。つまりこの惑星の内に。すべてはこの惑星の表面にあるのだ。未来は惑星の皮膚であり、そしてこの皮膚は惑星を絶えず変態させる。未来とは、惑星がメタモルフォーゼする繭なのである。

地球が未来の身体であるのはその大きさのゆえにではない。未来はけっして何か大きなもの、巨大なものではない。それは惑星という塊を破壊するかもしれない流星ではない。惑星の住人たちのうちで最小のものよりも小さなものとして未来は惑星に属している。むしろ将来というのは、人間や人間がつくったモニュメントよりもウイルスの生き方に近い。将来というのはまったくもってミクロなものなのだ。将来はただ、ほんのちょっとした物質のうちに生を見出しうるものでしかない。

ある程度まで単純化して言えば、ウイルスとは、あらゆる生きものに見られる発達と増殖の化学的、物質的、力動的なメカニズムのようなものということになるだろう。ただしウイルスは、より無秩序で、より自由なものとして、細胞構造の外に存在しているのだが。ウイルスとは、身体がそれぞれ自身の形態を展開させてゆく——あたかもウイルスが身体から脱受肉化されて、自由で、浮遊しながら存在しているかのように——ことができるようにする力、メタモルフォーゼの純然たる潜勢力であると言えるだろう。将来というのはこうしたものなのだ。すなわち、わたしたちのものではなく、一つの個体によって独占的に所有されているものではなく、共同で共有して所有されるものでもなく、むしろ他のすべての身体の表面を漂う能力であるような、生の発達と増殖の力である。まさに自由であるがゆえに、この力は身体から身体へと行き来する。これは、あらゆるものがそれを利用できるような、そのいずれのものによっても我が物とされうるような力である。ただし、あるウイルスを我が物とするということが〔そのウイルスに〕感染し、変態し、メタモルフォーゼすることを意味するのとまったく同様に、未来を我が物とすることは取り返しのつかない変化に身を曝すということを意味する。

未来とはメタモルフォーゼの純然たる力である。この力は一つの個別的身体がもつ傾向としてだけでなく、空中を舞う花粉のような自立した身体としても存在することができる。それは限りなく我が物とされた資源なのだ。将来というのは、生とその力がいたるところにあり、個体としても個体群としても種としても、わたしたちのうちのいずれにも属しえないということである。将来とは、変態することを個体や生物群に強いる病である。つまり、わたしたちが自分たちの同一性《アイデンティティ》を何か安定したもの、決定的なもの、リアルなものとして考えることを妨げる病なのだ。

要するに、将来とは永遠の病である。単独で存在する腫瘍である。どちらかといえば良性のものであるが。それはわたしたちを幸福にするような唯一の腫瘍なのだ。

わたしたちがこの病から身を守る必要はない。時間というウイルスに対するワクチンを接種する必要はないのだ。それは無駄である。わたしたちの肉は変化することをけっしてやめないだろう。病まねばならない、よく病まねばならないのだ。それも死の恐怖を抱くことなく。わたしたちとは将来である。わたしたちは短い生を果たす。わたしたちは次々と死んでいかなければならない。

参考文献案内

生きものたちの連なりにおいてアダムの位置を占めるものはいない。連続する語においていずれかの語がそれ以外のすべての語に先行するとみなされることなどありえない。言語活動には真の始まりなどけっしてない。あらゆる言葉は、その言葉に先行していたものの反響であり、その言葉に続くものの先取りなのである。本書は、他所から来たさまざまな考えを延長し、変様させるものである。つまり、それらの考えの繭であると同時にメタモルフォーゼである。

ともに歩んでくれた友人たちとの対話や、わたしたちが経験と呼ぶ、沈黙のうちにおこなわれる世界との対話に加えて、他のさまざまな言葉や仕事、著作といったものによって、このテクストの執筆は可能となった。提起された問いの広がりからして、この仕事には何年にもわたる膨大な読書が必要であった。ここではその詳細なリストを提示するかわりに、本書を着想するにあたって最も重要であった著作を挙げていくにとどめる。それらのうちの最初のものであり、そしてとりわけ重要なのが、哲学によっては顧みられていない傑作、オウィディウスの『変身物語』第一五巻のくだり〔中村善也訳、岩波文庫、下巻、一九八四年、三〇二—三二三頁〕で描かれていることである。そこでは、再受肉や、精神を肉から逸らすことについての形而上学がピュタゴラスの口からはっきりと示されている。この形而上学のおかげでオウィディウスはその著作において最もラディカルかつ幻視的なページ、かつて書かれることのなかったページを書くことができるのである。

本書はさらに、ガイア仮説についてジェイムズ・ラヴロックやリン・マーギュリスの提出した主張を発展させ、徹底させることを試みている。

誕生＝出産

現代の知の体系において誕生＝出産は真のタブーであり続けている。産科学と占星術はそれぞれが別々に取り上げられ、母親が自分の子どもに対して「自然と」抱くような感情についての通俗心理学以外ではほとんど話題になることも書かれることもない。そういうわけで、この章の着想は、文字で書かれたリソースというよりも、ペトラ・ギロイ＝ヒルツによって企画され、二〇一八年二月にミュンヘンのハウス・デア・クンストで開催されたキキ・スミスの感嘆すべき展覧会「祭儀的行列（Processions）」へと足を運んだことで、とりわけ《歓喜（Rapture）》（二〇〇一年）や《誕生（Born）》（二〇〇二年）からもたらされた。それらの作品は、狼や若いアカシカの腹から女性的な形象が現れるというものである。わたしたちの起源はつねにノンヒューマンなそれであり、そして現存するすべての種とわたしたちとの血縁関係は、ビッグバン以来わたしたちが生きものから生きものへと受け渡している同じ肉を分かち持っていることと合致しているというわけだ。あらゆる誕生＝出産につきものの奇跡と暴力は、ここにおいてきわめて感動的な仕方で把握されている。

ドイツ語で著されたわずかな著作（Christina Schües, *Philosophie des Geborenseins*, Freiburg-Munich, Verlag Karl Alber, 2008 ; Ludger Lütkenhaus, *Natalität. Philosophie des Geburt*, Zug, Die Graue Edition, 2006）が、このテーマについてヨーロッパ哲学において途切れ途切れに続いてきた隠れた歴史を描きなおすことを試みてきた。

こうした空白にはさまざまな理由があるが、そのうちの一つに、嬰児の誕生＝出産についての言説がキリスト教神学に独占されているということがある。このことは神の誕生をめぐる外典文書群を一瞥すれば十分納得できる。この主題についてはＪ・Ｋ・エリオットの著作（J. K. Elliott, *A Synopsis of the Apocryphal Nativity and Infancy Narratives*, Leyde and Boston, E. J. Brill, 2006）を参照するのが非常に重要である。キリストの降誕についてのキリスト教徒による概論のなかで最も影響を受けたのはパスカシウス・ラドベルトゥスのそれであった。この十一世紀の神学者は『聖処女の誕生について』（Pascasius Radbertus, *De partu virginis*, E. A. Matter et A. Ripberger (éd.), Turnhout, Corpus Christianorum, Continuatio mediaevalis, LVI C, 1985）を執筆したのである。ハンナ・アーレントが出生について書いたくだり（Hannah Arendt, *Condition de l'homme moderne*, trad. Georges Fradier, Paris, Pocket, 1983〔『人間の条件』志水速雄訳、ちくま学芸文庫、一九九四年〕）をこの伝説に立ち戻らせることができる。アーレントについては、パトリシア・ボーエン＝ムーアの試論（Patricia Bowen-Moore, *Hannah Arendt's Philosophy of Natality*, Houndmills and London, Mac-Millan Press, 1989）も参照することができる。神学はきわめて重要な図像学的反省を供給してきたが、これがジュリア・プーマによる堂々たる研究（Giulia Puma, *Les Nativités italiennes (1250–1450). Une histoire d'adoration*, Rome, École française de Rome, 2019）の対象であった。そこで提案されているキリスト教神学における出生の反転はサミュエル・バトラーの傑作（Samuel Butler, *God the Known and God the Unknow*, London, Fifield, 2009）から出発して導かれたものである。

フェレンツィについての段落は『タラッサ／性理論の試み』（Ferenczi Sándor, *Thalassa. Psychanalyse des origines de la vie sexuelle*, Paris, Payot, coll. « Petite Bibliothèque Payot », 2018）に収められたいくつかのページによって培われた。

繭

メタモルフォーゼにかんしてはさまざまな文献を広汎に参照した。十六世紀以来繰り広げられてきた議論の一部をわたしはごく手短に要約することを試みた。近代初期の重要なテクストはトマス・ムフェットのもの（Thomas Moffet, *Insectorum sive minimorum animalium théatrum*, London, Thomas Cotes, 1634）である。ついで、ウィリアム・ハーヴィの著作（William Harvey, *Exercitationes de generatione animalium, Apud Joannem Janssonium*, Amsterdam, 1651）、それからヤン・ゲダートの著作（Jan Goedart, *Métamorphoses naturelles ou histoire des insectes observée très exactement suivant leur Nature & leurs Proprietez*, Amsterdam, PierreMortier, 1700）、そしてヤン・スワンメルダムの著作（Jan Swammerdam, *Biblia naturæ : sive, Historia insectorum in classes certas redacta*, trad. Hieronimus David Gaubius, Leyde, 1737）がある。

昆虫たちの分裂《スキゾ》症的な身体についてのフレーズはカロール・M・ウィリアムズの堂々たる試論（Carroll M. Williams, "Hormonal Regulation of Insect Metamorphosis," *in* W. D. McElroy and B. Glass (eds.), *Symposum on the Chemical Basis of Development*, Baltimore, John Hopkins Press, 1958, pp. 794–806）から引かれた。これについては "Morphogenesis and Metamorphosis of Insects"（*Harvey Lectures*, 47, 1951–1952, pp. 126–155）も参照することができる。

昆虫のメタモルフォーゼをめぐる今日の研究について完全な文献表をつくるなら途方もないものとなる。それをここで要約するのは不可能だろう。たいへん詳細な歴史的展望は Deniz F. Erewyilmaz, "Imperfect Eggs and Oviform Nymphs: A History of Ideas about the Origins of Insect Metamorphosis"（*Integrative and Comparative Biology*, 46, 6, pp. 795–807）にまとめられている。同著者については Deniz F. Erewyilmaz, Lynn M. Riddiford & James W. Truma, "The Pupal Specifier Broad Directs Progressive Morphogenesis in a Direct Developing"（*Insect. Proc Natl Acad Sci USA*, 103, 2006, pp. 6925–6930）を参照。重要な歴史的・理

論的総論には James W. Truman & Lynn M. Riddiford, "The Origins of Insect Metamorphosis"（*Nature*, 410, 1999, pp. 447–452）や Aniruddha Mitra, "Cenedella's New Shoes: How and Why Insects Remodel Their Bodies Between Life Stages"（*Current Science*, 104, 2013, pp. 1028–1036）といった試論がある。

非常に多くの歴史的な論文を参照したが、本書の執筆にあたって最も重要だったのは、胚発生の逆転というテーゼを初めて主張したイタリアの昆虫学者アントニオ・ベルレーゼの論文（Antonio Berlese, "Intorno alle metamorfosi degli insetti," *Redia*, 9, 1913, pp. 121–136）であり、H・ヘンソンの論文（H. Henson, "The Theoretical Aspect of Insect Metamorphosis," *Biological Review*, 21, 1946, pp. 1–14）や、ハワード・エヴェレスト・ヒントンの論文（H. E. Hinton, "On the Origin and Function of the Pupal Stage," *Transactions of the Royal Entomological Society of London*, 99, 1948, pp. 395–409）である。ヴィンセント・B・ウィグルスワースの仕事——Vincent B. Wigglesworth, *The Physiology of Insect Metamorphosis*（Cambridge, Cambridge University Press, 1954）はその1つである——もまた決定的であった。わたしはまた、同著者の *Insects and the Life of Man: Collected Essays on Pure Science and Applied Biology*（Chapman and Hall, 1976）の読解からも多くの示唆を得た。

ドナルド・アーヴィング・ウィリアムソンについては、フランク・ライアンによるたいへん優れた本（Frank Ryan, *Metamorphosis: Unmasking the Mystery of How Life Transforms*, London, Oneworld Publications, 2012）がある。そしてドナルド・アーヴィング・ウィリアムソン〔自身のテクスト〕では、その書籍（Donald Irving Williamson, *The Origins of larvae*, Norwell, Kluwer Academic Publishers, 2003）のほかに、以下に挙げる論考や論文が非常に重要である。"Sequential Chimeras," *in* A. I. Tauber (ed.), *Organism and the Origins of Self*, Dordrecht, Kluwer, 1991, pp. 299–336; "Larval Transfer in Evolution," *in* M. Syvanen & C. I. Kado (eds.), *Horizontal Gene Transfer*, New York, Academic Press Mondon, 2010, pp. 395–410; "Larval

Transfer and the Origins of Larvae," *Zoological Journal of the Linnean Society*, 2001, pp. 111–122; "Hybridization in the Evolution of Animal Form and Life-Cycle," *Zoological Journal of the Linnean Society*, 2006, pp. 585–602; "Caterpillars Evolved from Onychophorans by Hybridogenesis," *Proceedings of the National Academy of Sciences of the USA*, 106, 2009, pp. 19901–19905; "Larval Genome Transfer: Hybridogenesis in Animal Phylogeny," http://retractionwatch.files.wordpress.com/2011/10/diw_2011_symbiosis.pdf.

マリア・ジビーラ・メーリアンについては，二冊の最新の研究書（Kurt Wettengl（ed.），*Maria Sibylla Merian. Künstlerin und Naturforscherin 1647–1717*, Hatje Cantz Verlag, 2013 と Carin Grabowski（ed.），*Maria Sibylla Merian zwischen Malerei und Naturforschung: Pflanzen- und Schmetterlingsbilder Neu Entdeckt*, Berlin, Dietrich Reimer, 2017）を参照した。

これらの章で提起されたより一般的な理論的問題については，プリンストン大学の生態学・進化生物学学科の生物学者ジョン・T・ボナーの著作が決定的であった。数多くあるその著作のなかでは，John T. Bonner, *Size and Cycle: An Essay on the Structure of Biology*（Princeton, Princeton University Press, 1966）や *On Development: The Biology of Form*（Cambridge（Mass.），Harvard University Press, 1974），そして *First Signals: The Evolution of Multicellular Development*（Princeton, Princeton University Press, 2001）がある。

若返りの問題については，植物学者でベルリンの植物園所長であり，エルンスト・ヘッケルの師であるアレクサンダー・ブラウン（Alexander Braun, *Das Individuum der Pflanze in seinem Verhältnis zur Spezies: Generationsfolge, Generationswechsel und Generationsteilung der Pflanze*, Königliche Akademie der Wissenschaften, 1853）を参照。この問題については，ルース・G・リナードの論文（Ruth G. Rinard, "The Problem of the Organic Individual: Ernst Haeckel and the Development of the Biogenetic Law," *Journal of the History of Biology*, 1981, pp. 249–275）を参照。

ベニクラゲ（*Turritopsis nutricola*）については、Stefano Piraino, Ferdinando Boero, Brigitte Aeschbach & Volker Schmid, "Reversing the Life Cycle: Medusae Transforming into Polyps and Cell Transdifferentiation in Turritopsis nutricula (Cnidaria, Hydrozoa)," *Biological Bulletin*, 190, 1996, pp. 302–312を参照。

エルンスト・カップの代表作はグレゴワール・シャマユーによってフランス語に翻訳されている（*Principes d'une philosophie de la technique*, Paris, Vrin, 2007）。

植物のメタモルフォーゼをめぐる論争については、ヨハン・ヴォルフガング・フォン・ゲーテの著作（*Essai sur la métamorphose des plantes*, Genève, J. Barbezat et Cie, 1829〔「植物のメタモルフォーゼ試論」、木村直司編訳『ゲーテ形態学論集・植物篇』ちくま学芸文庫、二〇〇九年〕）がカール・フォン・リンネ『植物哲学 *Philosophia Botanica*』（一七八八年にF・A・ケネーによってラテン語からフランス語へと翻訳された）との対話に入っている。また、ニールス・エリクソン・ダールベルクのテクスト（*Metamorphosis plantarum*, 1755）や、カスパー・フリードリヒ・ヴォルフの仕事（"De formatione intestinorum praecipue, tum et de amnio spurio aliisque partibus embryonis gallinacei, nondum visis, observationes in ovis incubatis institutae," *Novi Commentarii Academiae Scientiarum Imperialis Petropolitanae*, Petropoli Typis Adacemiae Scientiarum, t. XII, 1768, pp. 403–507, t. XIII, 1769, pp. 478–530）がある。

再受肉

フィリップ・パレーノの芸術について熟考することでわたしは再受肉という考えを発展させることができた。

ヴァル・プラムウッドは自身の経験を何度も語ってきた。そのテクストの最終版は没後出版の論集（*The Eye of the Crocodile*, Lorraine Shannon (ed.), Canberra, Australian National University E-Press, 2021）に収め

られている。

復活の問題については文献が膨大であり、オスカー・クルマンの名著（Oscar Cullmann, *Unsterblichkeit der Seele oder Auferstehung der Toten*, Stuttgart, Kreuz, 1967〔『霊魂の不滅か死者の復活か』岸千年・間垣洋介訳、辻学解題、日本キリスト教団出版局、二〇一七年〕）以後はとくにそうである。そこでは霊魂の不滅と身体の復活という二つのテーゼの相違が強調されたのであった。アラン・F・シーガルの古典（Alan F. Segal, *Life After Death: A History of the Afterlife in the Religion of the West*, New York, Doubleday, 2004）とキャンディダ・R・モスの近著（Candida R. Moss, *Divine Bodies. Resurrecting Perfection in the New Testament and Early Christianity*, New Haven, Yale University Press, 2019）は道標となりうる。アルド・レオポルドの「遍歴の旅」というテクストは歿後出版の論集に収められている（Aldo Leopold, *Almanach d'un comté des sables*, trad. A. Gibson, Paris, Flammarion, coll. « GF », 2017〔『野生のうたが聞こえる』新島義昭訳、講談社学術文庫、一九九七年、一六八―一七四頁〕）。レオポルドについてはつぎの研究を参照することができるだろう。Julianne Lutz Warren, *Aldo Lepold's Odyssey: Rediscovering the Author of a Sand County Almanac*, Washington Island Press, 2016.

生物学的な観点からみた性的行動については、リン・マーギュリスとドリオン・セーガンの名著（Lynn Margulis & Dorian Sagan, *What is Life? Three Millions Years of Genetic Reconstruction*, New York, Yale University Press, 1990）を参照。

世代交代の発見については二つの試論が道標となりうる。Armin Geus, „Der Generationswechsel: Die Geschichte eines biologischen Problems", *Medizinhistorisches Journal*, 7, 1972, SS 159–173; Dieter Zissler, „Die Entdeckungsgeschichte des Generationswechsels der Tiere", *Mitteilungen des Badischen Landesvereins für Naturkunde und Naturschutz e. V. Freiburg i. Br.*, 2001, SS 951–966.

アーデルベルト・フォン・シャミッソーの著作（Adelbert von Chamisso, *De animalibus quibusdam e classe vermium Linnaeana in cicumnavigatione Terrae: De Salpa*, Berlin, F. Dümler, 1819）はとりわけミハエル・サーシュ（M. Sars, *Bidrag til Söedyrenes Naturhistorie*, Bergen, 1829）とヨハネス・ヤペトゥス・スミス・ステーンストロップ（J. J. S. Steenstrup, *Ueber den Generationswechsel oder die Fortpflanzung und Entwickelung durch abwechselnde Generationen, eine eigenthümlich Form der Brutpflege in den niederen Thierclassen*, Copenhagen, 1842）との議論を開始した。

シャミッソーによる探検旅行は著者自身によって語られている。« Voyage de Kotzebue. Lettre écrite à M. le Comte de Romanzoff, par M. de Chamisso naturaliste français, qui a fait le voyage autour du monde, avec M. de Lotzebue, sur le brick russe le *Rurik* », *Journal des voyages découvertes et nacigations modernes ; ou Archives géographiques et statistique du XIX*^{e} *siècle*, Paris, 1921, p. 201-208.

これらの問題すべてについては、レオ・バスの著作（Leo W. Buss, *The Evolution of Individuality*, Princeton, Princeton University Press, 1987）で展開されている思索が必要不可欠である。

移住

このテクストの一部はクリスティーヌ・ルベの作品〔Christine Rebet, *Breathe in-Breathe out*, 2019〕のナレーションとして書かれた。

アルフレート・ヴェーゲナーの代表作〔『大陸と海洋の起源』竹内均訳、ブルーバックス、二〇二〇年〕は初版と第四版に手書きのノートが加えられたものが刊行されている（Alfred Wegener, *Die Entstehung der Kontinete und Ozeane, Gebrüder Borntraeger Verlagsbuchhandlung*, Berlin, 2015）。プレートテクトニクスについては、古典的な歴史書であるHenry R. Frankel, *The Continental Drift Controversy*（4 vol., Cambridge,

Cambridge University Press, 2012）や、より最近のものでは、Roy Livermore, *The Tectonic Plates Are Moving!*（Oxford, Oxford University Press, 2018）がある。

エコロジーの歴史については、フランス語でジャン＝ポール・ドゥレアージュによるたいへんすぐれた入門書（Jean-Paul Deléage, *Histoire de l'écologie*, Paris, La Découverte, 1991）がある。これは、ルートヴィヒ・トレプルの著作（Ludwig Trepl, *Geschichte der Ökologie. Vom 17. Jahrhundert bis zur Gegenwart*, Frankfurt am Main, Athenäeum, 1987）やフランク・エガートンの著作（Frank N. Egerton, *Roots of Ecology. Antiquity to Haeckel*, Berkeley, University of California Press, 2012）に付け加えられるものである。リンネとその弟子のテクストはフランス語で読むことができる。Carl von Linné, *L'Équilibre de la nature*, trad. Bernard Jasmin, Paris, Vrin, 1972.

アンリ・ルコックはその著作を八巻本で出版した。Henri Lecoq, *Étude de la géographie botanique de l'Europe*, Paris, Baillière et Fils, 1854–1858.

侵略の生態学については、チャールズ・エルトンの著作（Charles Elton, *The Ecology of Invasions by Animals and Plants*, London, Methuen, 1958〔『侵略の生態学　新装版』川那部浩哉、大沢秀行、安部琢哉訳、思索社、一九八八年〕）を参照。この著作が引き起こしたことについては、デイヴィッド・M・リチャードソンによる編著（*Fifty Years of Invasion Ecology. The Legacy of Charles Elton*, David M. Richardson (ed.), Chichester, Wiley Blackwell, 2011）や、ジャック・タッサンによるきわめて重要な著作（Jacques Tassin, *La Grande Invasion*, Paris, Odile Jacob, 2014）がある。

ヒューイット・C・ワトソンは一八三五年に *Remarks on the Geographical Distribution of British Plants, Chiefly in Connection with Latitude, Elevation, and Climate* (London, Longman) を出版した。ワトソンの *Cybele Britanica* は一八四七年以降に同じ出版社から刊行されていくことになる。

植物の移住については、ジル・クレマンの *Le Jardin planétaire. Réconcilier l'homme et la nature* (Paris, Albin Michel, 1999) とステファノ・マンクーゾの *L'Incredibile Viaggio della piante* (Roma, Laterza, 2018) を参照。

連関

この章の着想源となったものとしては、ウィリアム・クロノンの著作 (William Cronon, *Nature's Metropolis. Chicago and the Great West*, New York-London, W. W. Norton, 1991) やキャロリン・スティールの著作 (Carolyn Steel, *Hungry City: How Food Shapes Our Lives*, London, Chatto & Windus, 2008) のほかに、二〇一一年にフィリップ・パレーノがバス・スメッツとの共同製作した映像作品《連続居住可能地域、通称「CHZ」*Continuously Habitable Zone a.k.a. CHZ*》や、二〇一七年に制作されたピエール・ユイグの彫刻がある。

本文で引用したポール・シェパードの著作は Paul Shepard, *Thinking Animals. Animals and the Development of Human Intelligence*, Atlanta, University of Georgia Press, 1998〔『動物論――思考と文化の起源について』寺田鴻訳、どうぶつ社、一九九一年〕である。

現代の自然にとっての博物館という最終的に示された展望は、ステファノ・ボエリによる《ボスコ・ヴェルティカーレ》(ミラノ市) に多くを負っている。

おわりに

アイウトン・クレナッキの言葉は Ailton Krenak, *Ideias para adiar o fim do mundo* (São Paolo, Campanhia das Letras, 2019〔『世界の終わりを先延ばしするためのアイディア――人新世という大惨事の中で』国安真奈訳、中央公論新社、二〇一三年〕）から引かれた。

エドゥアルド・ヴィヴェイロス・デ・カストロについては Eduardo Viveiros de Castro, *Métaphysique cannibales. Lignes d'anthropologie post-structurale*, trad. O. Bonilla, Paris, PUF, 2009〔『食人の形而上学——ポスト構造主義的人類学への道』檜垣立哉、山崎吾郎訳、洛北出版、二〇一五年〕を参照。

謝辞

二度目の出産が初産よりもだいぶ楽だというのはよく聞く話である。母体は過去の経験を財産にして、必要な運動をよりたやすく、より素早くやり遂げるというわけだ。本の執筆は一種の出産であるというのもよく聞く話である。わたしの身体は子どもを宿す能力を持っておらず、持つこともけっしてないので、こうした比喩の正当性について、また第二の出産についても、意見を表明するようなことはできない。わたしが知っているのは、一冊の本を書くことがわたしにとってはつねに苦しく思いがけない経験であったということだ。書くことには経験の蓄積などまったくありえない。どんなノウハウも習熟もありえないのである。本を前にするとき、どんな本でもよいのだが、わたしは好事家《ディレッタント》であり粗忽者であり、そしてつねにそのようなものであった。わたしはつねに、まるで自分が、その不思議な外見からではそれがどう動くのかまったくわからない未知の対象を前にした子どもであるかのように感じてきた。それを前にしたとき、ともに議論を交わし時間を過ごすことのできた友人たちとの近さだけが〔分娩のための〕硬膜外麻酔となる。フレデリック・アイ＝トゥアティはこの本のたくさんのバージョンを何度も読み、この本に含まれている多くのアイデアについてたっぷりと議論してくれた。彼女や彼女の仕事との対話は不可欠なものであった。心から感謝したい。ブリュノ・ラトゥールとの対話は非常に多くの点でわたしの思考を発展させてくれた。大いに感謝している。

この本は、過去、現在、未来のすべての生きものが一つであること、世界の質料と生きものとが一つであることを主張している。それはしばしば汎神論と呼ばれてきたものだ。その時々でのジョルジョ・アガンベンとの対話はわたしのうちに深く刻み込まれている。エマヌエーレ・ダティーロは〔汎神論という〕この隠れた伝統と抑圧されてきた歴史とについての本を準備している。

時間のなかで織りなされてきた以下の人々との会話に学ぶことができなかったなら本書は生まれていなかっただろう。アデル・アブデスメッド、レオノール・バンシロン、マルチェロ・バリソン、ロシオ・ベレンゲル・ソルダン、ステファノ・ボエリ、ビアンカ・ボンディ、キアーラ・ボッティッチ、ジョヴァンニ・カレーリ、バルバラ・カルネヴァーリ、ルシアン・キャスティン＝タイラー、ドロテ・シャルル、エマヌエーレ・クラリツィオ、ジル・クレマン、ミケーラ・コッチャ、ヴェロニカ・ダリ、レティシア・ドッシュ、シモーネ・ファレシン、サビン・ゲルムーシュ、ドナティアン・グロー、カミーユ・アンロ、ノリーン・カワジャ、ソフィー・ナディア・ヤーラ・キスキ・クルジャン、マティルド・ロラン、アリス・ルロア、ファビアン・ルドゥエニャ・ロマンディーニ、フィリッポ・ミニーニ、ジェレミー・ナービー、エルンスト・ネト、ハンス・ウルリッヒ・オブリスト、マッシモ・スコラロ、ヴェレナ・パラヴェル、フィリップ・パレーノ、エリック・フィリップ、クリスティーヌ・ルベ、ミケーレ・スパーノ、アンドレア・トリマルキ、バルバラ・フィンケン、エロイーズ・ファン・デア・ハイデン、バス・スメッツ、キアラ・ヴェッキャレッリ、マリー・ヴィック、ルイズ・ゼルビーニ、そしてカタリナ・ザンフィ。

この本がありえたのは、これらの人々に加えて、多少とも長い期間で滞在する機会に恵まれたいくつかの都市のおかげである。

パリでは、執筆の最後の数か月のあいだ、カルティエ財団で木をめぐる展覧会企画に協力する機会に恵まれた。これを経た本書の文体はまったく変様していた。エルヴェ・シャンドには、こうした誘いと、シャンドやピエール＝エドゥアール・クトン、イザベル・ゴドフロワ、アデリーヌ・ペルティエ、マリー・ペレヌとの重要な議論について感謝している。カルティエ財団の九階でブリュス・アルベールが放った青天の霹靂ともいえる指摘は決定的だった。格別の感謝を。

カールスルーエでは、ブリュノ・ラトゥールに招待されて公演をおこなった。草稿のより進んだバージョンと三年分の仕事が数杯のコーヒーに溶けていった。それは、ここ数年で経験した最もラディカルで幸福な若返りのうちの一つであった。この思いがけないメタモルフォーゼがなければ本書がまた違ったものになっていたのはまちがいないだろう。

モナコでは、シャルロット・カシラギ、ジョゼフ・コーエン、ロジェ＝ポル・ドロワ、ローラ・ヒューゴ、ロベール・マッジョーリ、そしてラファエル・ザグリ＝オルリと始められた対話が、三年前からわたしの知的生活にリズムをつけてくれている。その鷹揚さと思考をいたるところへ導く能力とについて感謝を述べたい。

ブリュッセルでは、ファン・デン・アインデのおかげで、本書の最初のバージョンを発表し、ナターシャ・ファイファーやモード・アーゲルシュタインと議論することができた。

ロンドンでは、本書のいくつかのページについて、フィリパ・ラモス、ルチア・ピエトロユスティ、マーティン・サヴランスキ、そしてジョン・トレッシュと対話することができた。

この本に含まれている多くのアイデアは、ステファン・レーによって可能となった、ウェリントンでの短い滞在のあいだに生まれた。レーやアリゼ・アレクサンドルとの出会いはたいへん大きなものとなった。

クリティバでは、最初の草案を発表し、アレクサンドル・ノダリ、ジュリアナ・ファウスタ、ジュリアン・ノヴォドヴォルスキ、マルコ・アントニオ・ヴァレンティン、フラーヴィア・チェーラと詳しく議論することができた。

リオ・デ・ジャネイロでは、アンナ・ダンテス、マドレーヌ・デシャン、マルクス・ワーグナー、そしてSelvagem のチーム全体が、本書のいくつかのアイデアをたいへんな鷹揚さと情熱で迎え入れてくれた。ニューヨークでは、フィリップ・アッシャー、メリアム・コリチ、オマール・ベラーダのおかげで本書の執筆を進めることができた。

奇妙な偶然のめぐりあわせによって、テクストの多くの部分をヴァイマールで、ゲーテが植物のメタモルフォーゼをめぐる著作を綴った場所から数百メートルのところで書かねばならなかった。IKKM にわたしを迎え入れてくれたベルナール・スティグレールとローレンツ・エンゲルに、そしてさまざまな議論につきあってくれたレンダー・ショルツ、エレナ・フォグマン、カタルジーナ・ヴォチェンスカに感謝する。

編集を担当してくれたリディア・ブレダに心からの感謝を述べたい。彼女はいつもその特有のわざ《アート》によって押し引きを使い分ける術を心得ている。ルノー・パケットは草稿の最初の読者だった。彼の指摘や提案は草稿に最後のメタモルフォーゼをもたらすことで、テクストを格段によいものにしてくれた。大いに感謝している。

マリア・アスンタ・トゾーニとミケーレ・コッチャ、母と父は、わたしが幼いころから、どんなメタモルフォーゼの形態も恐れない仕方を教えてくれた。その熱心さ、自由さ、常識はずれの熱意について、両親に感謝したい。

この本を娘コレットに捧げる。娘がやってきてようやく五年が経った。娘は、娘とわたしのまわりのあらゆるものをひっくり返してきた。娘の歩き回ったさまざまな世界をわたしが出会ったことのない喜びと恩恵で照らし出してくれた。コレットはメタモルフォーゼのすべての謎を知っている——そしてそのうちのいくつかをわたしに明かしてくれたのだ。

訳者あとがき

本書は、Emanuele Coccia, *Métamorphoses*, Paris, Payot et Rivages, 2020 の全訳である。

著者のエマヌエーレ・コッチャは一九七六年生まれ、イタリア出身の哲学者である。農業学校において農作物の生育や生態について学び、ジョルジョ・アガンベンのもとで中世哲学研究に従事したのち、二〇〇八年から二〇一一年までフライブルク大学、その後、現在まで社会科学高等研究院(EHESS)の准教授を務めている。既刊の著作も多数あり、十二世紀スペイン生まれの哲学者アヴェロエス(イブン＝ルシュド)とアヴェロエス主義を扱う『イメージの透明性』(*La trasparenza delle immagini. Averroè e l'averroismo*, Milan, Mondadori Bruno, 2005)を皮切りに、『感性的な生』(*La Vie sensible*, Paris, Payot et Rivages, 2010)や『事物のなかの善』(*Le Bien dans les choses*, Paris, Rivages, 2013)、そしてモナコ哲学祭賞(二〇一七年)を受賞した『植物の生の哲学――混合の形而上学』(*La Vie des plantes. Une métaphysique du mélange*, Paris, Rivages, 2016. 嶋崎正樹訳、勁草書房、二〇一九年)などがあり、それぞれ翻訳を通して多くの国で読者を獲得している。

彼は従来哲学史において、人間に相対的な仕方でしか位置づけられてこなかった動物、虫、植物などの生命体へと、正当な取り分を返そうとする。植物を最も自由な存在として考えた前作『植物の生の哲学』からさらに進んで、彼は本書で、生物種、土地、世代という境界を超えたあらゆる存在のあいだでの生命の共有を描いている。それぞれ独立した五部から成るが、そこで扱われるのはこの「一つの同じ生」の諸側面でしかないがゆえに、各部の記述はメタモルフォーゼを介して連続している。

各部について、以下でごく簡単に紹介することにしよう。

第Ⅰ部「誕生＝出産」では、一般に生命体の始まりとして考えられる「誕生」が、じっさいには母胎と重なり合った現象であることが指摘される。たとえば人間の場合は、十月十日の妊娠、継ぎ目のない出産という過程を通じて誕生する。このことが意味するのは、各々の生きものの個別性、あるいは「わたしと言うこと」のうちに、それ以前に太古から連なる生命の系譜が入り込んで混じり合っていることである。言い換えれば、生きものは親子や血縁関係をはるかに越えて、類人猿、哺乳類、魚類等といった種をまたいだ諸関係、境界線、閾《いき》のうちにある。つまり、生きものの身体は安定的なものではけっしてなく、「ただ一つの同じ生」が入り込む一時的な形態である。したがってそれは、所有できるものではなく共有物であり、絶えず自己を変様させていく。この形態の諸変様こそが、コッチャのいう「メタモルフォーゼ」である。

チョウが変態をとげる重要な契機であり、なによりメタモルフォーゼとのむすびつきの強い「繭」をタイトルに掲げる第Ⅱ部は、しかしたんなる形態論や昆虫論にとどまってはいない。現代の研究を含む生物学史を参照しつつコッチャが提示する大胆なテーゼは、繭とは技術である、あるいは技術とは繭を構築するわざであるというものだ。繭という観点の導入によって、技術論と生命論は同時にひっくり返される。スティグレールの『技術と時間』が技術論の表舞台に引き出したエピメテウス神話や、道具を身体の延長とみなす「器官投影」とそのバリエーションに対して、また、人間あるいは哺乳類を中心とする生命観に対して、コッチャはオルタナティブを示していくのである。「わたし」の夢に始まる第Ⅱ部は最終的に、惑星の夢としての生命史という観点を提示するに至る。

第Ⅲ部「再受肉」では、「食べること」による境界線のゆらぎが扱われる。食べることとは「食べるもの」と「食べられるもの」とが重なり合うことである。この行為を通じて、生はメタモルフォーゼをおこない、新たな生の一部となる。生とは、既存の生命体を食べることによって存在しうるのである。したがって死もまた、一個の生命体の終わりを記すものではなく、すでに重なり合っていた生命体、あるいはその後に来る生命体の糧となることにほかならない。歴史的に語り継がれてきた再受肉、転生、復活の神話もまた、生が身体に合致するものではないことを示している。こうして、生きることとは肉を得ること、つまり再受肉としてのメタモルフォーゼにほかならない。

第Ⅳ部「移住」では、生きものがある場所にいることがすでに、「住むこと」と「住みつかれること」の重なりであると論じられる。生きものはこの世界内に産み落とされる以上、どこかに場所や住まいを持たざるをえないが、当該の場所に存在することは必然的なことではなく、つねに別の場所にありうること、移動しうることを含んでいる。また、そのようにして生まれる生きもの自身も、別の生きものの場所や住まいとなる。そうだとすると、すべての生きものは他の生きものの一時的な住まいであり、別の場所へと移動する「乗り物」でもある。この生きもの＝乗り物という関係を拡大してゆけば、生きものが地球という惑星に乗っていること、そして各々の生きものが別の生きものにとって惑星であることを理解しうる。

ラトゥールの影が色濃く見える第V部「連関《アソシエーションズ》」では、いわゆるエコロジー思想の点検がおこなわれる（コッチャは同僚の科学史家アイ＝トゥアティとともに次のような論集を出版している。*Le Cri de Gaïa. Penser la Terre avec Bruno Latour*, Fréderique Aït-Touati et Emanuele Coccia (dir.), Paris, Découverte, 2021)。この点検はおもに「自然／文化」の対立に、さらには——文化《キュルチュール》は耕作《キュルチュール》でもあるのだから——「自然／人工」の対立に向けられている。第II部で技術論と生命論が同時にひっくり返されたように、ここでも対立項の両端が同時に捉え直されている。つまり、生きものはすべて生存のために技術を用い、他の種との相互規定の関係にあるとするなら、なにかしらの手の入っていない「自然」や「野生」はあとから作り上げられた有害な虚構にすぎなくなる。都市はその生物多様性が問われるような自然＝人工の建造物とみなされねばならない。こうして、自然と人工の混淆した生命論的多文化主義とでも言うことのできる立場が表明される。

本書は新たなエコロジーの試みである。じっさい、本書を締めくくる「わたしたちは短い生を果たす。わたしたちは次々と死んでいかなければならない」という言葉は、環境倫理学に大きな影響を与えたアルド・レオポルドの『野生のうたが聞こえる』から引かれたものである。コッチャの結論が本書以降どのように展開されているのかについては、『いま言葉で息をするために』（西山雄二編著、勁草書房、二〇二一年）に収録された論文「世界規模の新たな隠遁生活を反転する」（松葉類訳）や、二〇二一年にフランス語版が上梓されたばかりの『家の哲学』（*Philosophie de la maison. L'espace domes-*

tique et le bonheur, Paris, Bibliothèque Rivages, 2021）に探ることができる。また「現代の自然」ということで言えば、時期はすこし前後するが、フィンセント・ファン・ゴッホ論でもある『種まくひと』（*Le Semeur. De la nature contemporaine*, Arles, Fondation Vincent Van Gogh, 2020）が本書の別バージョンとなっているようだ。コッチャの著作は日本でも今後ますます紹介が進められることだろう。

本書の翻訳は松葉と宇佐美で分担し、下訳（松葉が「はじめに」「第I部」「第III部」「第IV部」を、宇佐美が「第II部」「第V部」「おわりに」「参考文献案内」「謝辞」を担当）がそろった時点でクロスチェックをおこなった。最低限の文体の統一は試みたが、フランスの現代哲学という同じ世界に生きつつも、訳者たちの歩き回り方や眺め方はそれぞれ微妙に異なることもあり、またそれらの混淆がコッチャの思考をうまく照らし出してくれることも期待して、文体を完全に統一することはしなかった。

最後に、若輩の訳者たちを適切にリードしてくれた勁草書房の関戸詳子氏にこころから感謝の意を表したい。わたしたちがさいわいにも自分たちの区間を走り切ることができたのは彼女のおかげである。また、本書に相通ずる作品を提供してくださった大小島真木氏、すばらしい装丁を施してくださった大村麻紀子氏にも感謝したい。お二人によって本書が「再受肉」したのはまちがいない。

わたしたちを貫いたメタモルフォーゼの力が読者諸氏に伝播し、さまざまに再開され展開されてゆくことを願いつつ、筆を擱くことにしたい。

祇園祭の過ぎゆく京都にて

訳者一同

著者略歴

エマヌエーレ・コッチャ（Emanuele Coccia）

1976年イタリア生まれ。フィレンツェ大学博士（中世哲学）。フランスの社会科学高等研究院（EHESS）准教授。フライブルク大学准教授を経て、2011年より現職。著書に *La trasparenza delle immagini. Averroè e l'averroismo*（Mondadori, Milan, 2005）, *La Vie sensible*（tr. de M. Rueff, Payot et Rivages, Paris, 2010）, *Le Bien dans les choses*（tr. de M. Rueff, Payot et Rivages, Paris, 2013）, *Philosophie de la maison. L'espace domestique et le bonheur*（tr. de Léo Texier, Bibliothèque Rivages, Paris, 2022）など。邦訳書に、2017年のモナコ哲学祭賞を受賞した『植物の生の哲学――混合の形而上学』（勁草書房、2019年）がある。

訳者略歴

松葉　類（まつば・るい）

1988年生まれ。京都大学文学研究科博士課程研究指導認定退学。博士（文学）。現在、同志社大学ほか非常勤講師。専門はフランス現代思想、ユダヤ思想。論文に「レヴィナスにおけるデモクラシー論――国家における国家の彼方」（『宗教哲学研究』第38号、2021年）など。共訳書にフロランス・ビュルガ『猫たち』（法政大学出版局、2019年）、ミゲル・アバンスール『国家に抗するデモクラシー』（法政大学出版局、2019年）。

宇佐美 達朗（うさみ・たつろう）

1988年生まれ。京都大学大学院人間・環境学研究科博士後期課程修了。博士（人間・環境学）。現在、日本学術振興会特別研究員（PD）。著書に『シモンドン哲学研究――関係の実在論の射程』（法政大学出版局、2021年）、論文に「シモンドン哲学における技術性の概念と人間主義の顚倒」（『フランス哲学・思想研究』第27号、2022年）など。共訳書にティム・インゴルド『ライフ・オブ・ラインズ――線の生態人類学』（フィルムアート社、2018年）。

挿画　大小島 真木

カバー　《 胞衣｜Ena 》（Size: 225×1149）部分

©2022 Maki Ohkojima Courtesy of Sezon Museum of Modern Art

撮影：加藤 健

扉背景　《 Re forming I 》部分

カバー袖・表紙・扉ドローイング　Metamorphoses1, 2

人名索引

＊本文にでてくる人名のみ拾った。
＊原著に索引はないが、日本語読者の便宜をはかって加えた。

ら　行

わ　行

メタモルフォーゼの哲学

2022年10月26日　第1版第1刷発行
2024年 2 月20日　第1版第3刷発行

著　者　エマヌエーレ・コッチャ
訳　者　松《まつ》　葉《ば》　　類《るい》
　　　　宇《う》佐《さ》美《み》　達《たつ》　朗《ろう》

発行者　井　村　寿　人

発行所　株式会社　勁《けい》　草《そう》　書　房

112-0005　東京都文京区水道 2-1-1　振替　00150-2-175253
（編集）電話　03-3815-5277／FAX 03-3814-6968
（営業）電話　03-3814-6861／FAX 03-3814-6854
三秀舎・松岳社

©MATSUBA Rui, USAMI Tatsuro　2022

ISBN978-4-326-15484-5　　Printed in Japan

JCOPY ＜出版者著作権管理機構 委託出版物＞
本書の無断複製は著作権法上での例外を除き禁じられています。
複製される場合は、そのつど事前に、出版者著作権管理機構
（電話 03-5244-5088、FAX 03-5244-5089、e-mail: info@jcopy.or.jp）
の許諾を得てください。

＊落丁本・乱丁本はお取替いたします。
ご感想・お問い合わせは小社ホームページから
お願いいたします。

https://www.keisoshobo.co.jp

E.コッチャ　嶋崎正樹 訳　山内志朗 解説

植物の生の哲学
混合の形而上学

私たちは世界と混ざり合っている——動物学的である西洋哲学の伝統を刷新し、植物を範型とした新しい存在論を提示する。モナコ哲学祭賞受賞作。
三五二〇円／四六判／二二八頁
15461-6

西山雄二 編著

いま言葉で息をするために
ウイルス時代の人文知

哲学・文学・歴史・人類学・宗教の観点から、コロナ禍はどう考えられるのか。人文主義者たちによるコロナ時代の証言と提言。
三八五〇円／四六判／三三六頁
15480-7

J.マレンボン　中村 治 訳

初期中世の哲学

西欧文明の起源をたずね、プラトン、アリストテレスの受容を契機とする中世初期、ボエティウス、スコトゥス、アベラルドゥスの論理学／自然学／文法学／神学をさぐる。
四四〇〇円／A5判／二九六頁
10094-1

J.マレンボン　加藤雅人 訳

後期中世の哲学

中世大学の制度、学問の方法（論理学）、テキスト（アリストテレスやギリシャ、アラビア、ユダヤの哲学）の分析から入り、トマス、スコトゥス、オッカムの知識認識に迫る。
四四〇〇円／A5判／二九六頁
10080-4

＊表示価格は二〇二四年二月現在。消費税（一〇％）が含まれております。

勁草書房刊